U0142751

非洲
鈔票故事館
Explore the Bill – Africa
第二版

第 34 屆金鼎獎最佳圖書作者　莊銘國 編著

五南圖書出版公司 印行

序言

　　對一般人而言，鈔票是交易媒介。對我來說，鈔票上的圖像，就像「國家名片」，具有象徵的意義，從中可看到不同國家的文化、社會價值、過去歷史、現在發展與未來展望。如果長時間收集達三個版次以上，世界各國一切人、事、物都在鈔票圖像中傳達出典故，更可學貫中西、神通古今，成為「世界公民」。

　　筆者曾在民間企業任職二十六年，有機會前往業務相關國家從事商務活動，福至心靈開始收集該國鈔票，並當場向客戶請教圖像內容做成紀錄。自企業退休後，轉戰大學教職，利用寒暑假與太太同遊更偏遠國度，至今已超過百國。每到一國即設法兌換流通紙幣，並請益當地導遊、重點筆記，回國再行探索。有機會擔任帝寶工業公司之獨立董事，係純外銷汽車車燈之上市公司，許敘銘總裁很自豪說：「除南北極外，全世界都有我們的據點。」透過這些國際行銷管道，再補充沒有去過的國度紙鈔，並請海外經銷商略加資料說明；一些非流通之早期外幣，則請「磊昌郵幣社」代為採買；「稀有鈔票」在柏林的巴塞爾國際錢幣展銷會 (World Money Fair Basel)、新加坡國際錢幣展銷會 (Singapore International Coin Show)、東京國際錢幣展銷會 (Tokyo International Coin Convention)、美國國際錢幣展銷會 (ANA World's Fair of Money) 及北京國際錢幣博覽會有機會購得。所謂「情之所鍾，千里不遠」，經年累月，多少心血，多少金錢，漸漸羽毛豐長，相當齊全。

　　當年，任職企業滿二十五年，第一次退休；轉戰學術界又滿六十五歲，第二次屆齡退休；「莫讓餘年空流去，當使晚霞照人間」，現在的我已逾七十，千帆看盡。偶爾兼課、演講、寫作及顧問等打打零工。期盼有生之年，貢獻一己之力。

特別感謝下列網站，使作者從中獲取豐厚知識：

(1) 世界紙鈔網（中國）

　　http://www.ybnotes.com/

(2) 世界の紙幣 NEWS（日本）

　　http://www23.ocn.ne.jp/%7Euemura

(3) Southern African Paper Money（南非）

　　http://members.xoom.com/papermoney/index.htm

(4) NEAL's Collectable Currency（美國）

　　http://members.aol.com/NCCurrency/Currency.html

(5) AA NOTES Collectable Paper Money Site（英國）

　　http://www.aanotes.com/

(6) E-Worldbanknotes.com（加拿大）

　　http://www.e-worldbanknotes.com/

　　在各國紙鈔之鑽研中，積少成多，曾應邀各單位演講或展示，最值得一提「臺北故事館」於 2012 年 2 月 18 日開始為期半年的借展，緊接著是四個月的高雄科學工藝館、新光三越左營店及匯豐銀行一月期的臺北國父紀念館的接棒展出，數不清的報紙、電臺及電視的報導。一時洛陽紙貴，連美加、中國大陸也有人表達興趣合作。

　　此外，由五南圖書公司出版《典藏鈔票異數》將各國各時期之特殊鈔票予以解析，另一本是《遇見鈔票》，由書泉出版社印行，主題將臺幣上之圖像與古今中外「類比法」(Analog Method)，本書榮獲 2010 年出版界最高榮譽「金鼎獎」，內心甚為雀躍。緊接著推出五大洲之鈔票介紹，做為日後「鈔票博物館」之主軸。第一本《歐洲館》在 2012 年 4 月出版，榮獲「文化部中小學生優良課外讀物」的獎勵。第二本《亞洲鈔票故事館》在 2015 年 8 月推出。當然研究工作持續進行中。橫軸中有遇見鈔票系列的《數字看天下》（獲 2014 年臺北市立圖書館十大好書肯定）、《名人館》、《藝術館》、《動植物館》和《建築館》等，希望有更多成果。

在非洲國度中，有「西非法郎」、「中非法郎」共同貨幣，其餘的國家都有發行鈔票。研究非洲鈔票收集不易且資訊缺乏，「關關難過關關過」，今天終於可以公諸於世。

這本《非洲鈔票故事館》是五大洲介紹的第三本。非洲也是世界國家數最多的洲。世界最大的撒哈拉沙漠橫貫非洲北部，沙漠以北的埃及、利比亞、突尼西亞、阿爾巴尼亞、摩洛哥等，主要居住著含族及閃族的阿拉伯人，以前是人類古文明的埃及文化、腓尼基文化，現在屬於阿拉伯文化範圍，我們稱為「白色非洲」。在沙漠以南，以北方蘇丹黑人及南方班圖黑人為主，大體上是民族成份非常複雜的地區。在坦尚尼亞的東非大裂谷發現 250 萬年前的「直立人」，是歷史最早的人類，由此移往世界各地，在黑人區大部分是傳統遊耕文化，我們稱為「黑色非洲」。

以前對非洲的認識僅止於北非，受地形（沙漠）及氣候（赤道雨林）梗阻無法深入。1488 年葡萄牙探險家迪亞士 (Bartolomeu Dias, 圖 1) 抵達非洲最南端「好望角」，即印度洋與大西洋交界處；十年後另一個冒險家達伽馬 (Vasco da Gama, 圖 2) 完成經非洲到亞洲印度，我們稱為「新航路」，與 1492 年哥倫布發現「新大陸」，二雄分庭抗禮，所謂「十六世紀是西葡的世界」。百年後，英、法、荷、比、德挑戰葡萄牙，在非洲獨霸局面，活動範圍很難深入內陸。1840 年英國傳教士李文斯通 (David Livingstone, 圖 3) 從南非開普敦上岸，先後到達安哥拉、波札那、辛巴威、莫三比克、馬拉威、坦尚尼亞、蒲隆地，最後病死在尚比亞。他揭開非洲內陸神祕面紗，此後歐洲列強參與瓜分非洲活動。宗主國對殖民地有重大影響力，很多直接用經緯度直線劃定，造成許多部落分屬不同國家，如埃維人分屬迦納及多

❖ 圖 1 葡萄牙探險家迪亞士 　　❖ 圖 2 葡萄牙冒險家達伽馬

哥，馬賽人在肯亞、坦尚尼亞、烏干達皆有之。統治者把黑人當奴隸販賣至美洲新大陸，使部分地區人口銳減，且都是年富力壯者，自然削弱當地原有生產力，強化歐洲人的種族偏見。其中英、法殖民地各占非洲面積的三分之一，小小的比利時吞食大約 77 倍的比屬剛果。二次大戰後，獨立運動風起雲湧，由「迦納之父」恩克魯瑪 (Kwame Nkrumah, 圖 4) 在 1957 年獨立，被稱為 1960 年的「非洲年」，有 17 個國家先後獨立，直到 1990 年納米比亞自南非獨立為止，非洲終於擺脫被統治的陰影。獨立後統治者為私利而長期執政，權力使人腐化，由於當年各國疆界未考慮當地民族或部落，教不同人民任意併入同一國內，致兩國敵對或內戰，加上旱災、饑荒、疾病及貧窮，非洲成為難民大本營（圖 5）。

非洲地跨南、北半球、赤道橫穿中部，北部有世界面積最大的撒哈拉沙漠（777 萬平方公里），氣候炎熱乾燥，雨量極稀；赤道附近繁茂的熱帶雨林，僅次於南美的亞馬遜，還有壯濶的熱帶草原。在非洲地區值得一提的有世界最長的河流──尼羅河（長 6,671 公里，圖 6）；第二大的淡水湖──維多利亞湖（面積近 7 萬平方多里）；渾然天成的東非大裂谷（長 6,400 公里）；世界三大瀑布之一──維多

♣ 圖 3 英國傳教士李文斯通

♣ 圖 4 迦納之父恩克魯瑪

♣ 圖 5 非洲是難民大本營

♣ 圖 6 尼羅河源頭（在烏干達）

利亞瀑布（圖7），氣勢磅礴；非洲最高峰——吉力馬札羅山（高5,859公尺，圖8），處赤道，終年積雪。

　　非洲有雨林、草原等豐富的植物資源，所以野生動物繁多，大批成群結隊的斑馬、羚羊與野牛漫步在草原上，成為獅子和花豹的獵物。還有大象、駝鳥和長頸鹿，悠遊其間；河馬翻滾在河流中，雨林中有黑猩猩（圖9）、大猩猩，罕見的「霍加皮」出沒。迄今已成立數百座自然保留區，成為觀光資源。

　　大多數非洲居民從事農業生產、牧養牲畜及熱帶作物，生產可可、咖啡（圖10）、茶葉、丁香、花生和棕油，在世界占一席之地。此外，非洲是古老堅硬的結晶岩層構成，蘊藏豐富礦產，如中非的銅、鐳，南非的黃金、鑽石，而北非及西非則有石油。不過這些農礦產品是屬初級原物料，受國際價格波動甚大，造成非洲國家在經濟上的脆弱與不安，在非洲經濟作物優先取代糧食生產。全世界少子化，惟非洲人口快速增加，有半數國家嚴重缺糧，又為爭奪貴金屬及鑽石來交易軍火，造成電影「血鑽石」之悲劇。

✿ 圖 7 維多利亞瀑布
（在辛巴威與尚比亞間）

✿ 圖 8 吉力馬札羅山
（在坦尚尼亞）

✿ 圖 9 非洲黑猩猩

✿ 圖 10 非洲咖啡

非洲人有歌舞（圖 11）的天份，所以風行全球的倫巴、布魯斯、爵士舞、踢踏舞、霹靂舞及迪士可等，都帶有強烈的非洲傳統色彩。另非洲在藝術上充滿原始、樸拙和神秘，深深影響西方繪畫的「野獸派」（如馬諦斯 Henri Matisse）及「立體派」（如畢卡索 Pablo Picasso）。此外，在運動上，因東非是大草原，善於長跑、馬拉松，西非是熱帶雨林，精於短跑翻轉，故足球、籃球、棒球皆人才輩出。

　　英國史學家席加爾 (Ronald Segal) 所言：「文化各有千秋，只能說在水準上各具一格，在垂直上分辨優劣，則是征服者所產生的偏見。」過去，我們認識的非洲常是如此。現在我們把非洲分成五個地方（圖 12），由他們立場現身說法，透過非洲各國的鈔票，進一步融入其中。

　　在此我們精選 12 張與非洲相關鈔票及地圖，大部分未在本書內文中出現（即非現在流通鈔票），相信能快速加深對非洲的認識。

　　非洲對我們而言，既遙遠又陌生，身為地球村的一員，不妨從非洲各國鈔票中瞭解其縮影，增添歷史、地理、人文、科技、經濟、社會及政治的知識。

　　此外，國際上有一衡量各國水準的「人類發展指數（HDI）」，係以健康長壽、教育獲得、生活水準三項計算而來，在非洲而言：

♣ 圖 11 非洲歌舞

VII

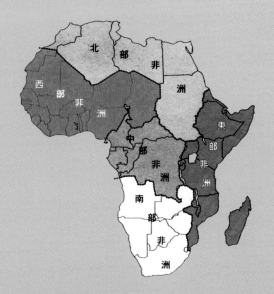

❧ 圖 12 非洲五個地方簡圖（東部、西部、
　　南部、北部及中部）

　　前十名：1. 模里西斯 2. 賽席爾 3. 阿爾及利亞 4. 利比亞 5. 突尼西
亞 6. 波札那 7. 埃及 8. 加彭 9. 南非 10. 維德角

　　後十名：尼日 2. 中非 3. 厄利垂亞 4. 查德 5. 蒲隆地 6. 布吉納法
索 7. 幾內亞 8. 獅子山 9. 莫三比克 10. 馬利

　　如此，對非洲有一概略輪廓。

　　研究世界鈔票是一條費時、費錢的漫長不歸路，在家中掛著一幅
字──「老身要健、老伴要親、老本要保、老家要顧、老趣要養、老
友要聚、老書要讀、老天要謝」。研究各國鈔票就當「老趣要養」，
當走到人生的盡頭，過個無悔的人生。印度泰戈爾名言：Let life be
beautiful like Summer flowers and death like Autumn leaves.（ 生如夏花
之燦爛，死如秋葉之靜美）吾深同感，感謝老天！

　　　　　　　　　　　　　　　　　　　　　　　　莊銘國
　　　　　　　　　　　　　　　　　　　　　　　　謹識

Contents

第二篇 西部非洲 Western Africa

第三篇 中部非洲 Middle Africa

第一篇 北部非洲
North Africa

- 依地理習慣，北非有下列七國
  （依英文字母排序）：
  1. 阿爾及利亞Algeria
  2. 埃及Egypt
  3. 利比亞Libya
  4. 摩洛哥Morocco
  5. 南蘇丹South Sudan
  6. 蘇丹Sudan
  7. 突尼西亞Tunisia。

- 北非有世界最大撒哈拉沙漠橫貫其中，遍地沙石、沙塵猛烈，人煙稀少，晝夜溫差大，有適應當地氣候的動物，如狐、羚羊、蜥蜴，因沙漠阻隔，北非與以南非洲地區，差異極大，駱駝是傳統的交通工具，在鈔票上可見一、二。

- 北非的居民多半信奉伊斯蘭教，儘管歐洲殖民接踵而來，無論在語言、文化、建築、宗教，都還算阿拉伯世界的一部份，在鈔票上出現了不少清真寺及宗教活動。

- 世界最長的河流──尼羅河，最後青尼羅河及白尼羅河在北非的蘇丹會合，由埃及流出，孕育了古埃及、古蘇丹的古文明，北非尚有許多史前岩畫，此外，古腓尼基的奠基立國，是古代文明之重心，也與其他大陸有頻繁往來，在鈔票可嗅出久遠的歷史長河氣息。

- 北非在地中海沿岸盛產葡萄、柑橘、甜棗、橄欖，大部份國家都蘊藏石油及天然氣，在鈔票上或多或少出現。

- 北非一向都是強人長期執政，近年民主風潮席捲了埃及、利比亞、突尼西亞、蘇丹，紛紛改朝換代，因之，新鈔也取代了原有鈔票。

 北非油庫

阿爾及利亞
Algeria

⑤ ⑩ 50 100

面積：238萬平方公里
　　　（非洲第1，全球第10）
人口：約4,132萬人(2021年)
首都：阿爾及爾(Algiers)
幣值：第納爾(Dina)
　　　1美元≒85D

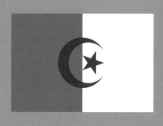

綠色代表未來的幸福，也是伊斯蘭教傳統顏色，白色是純潔與和平的象徵，紅色則是爭取獨立的勇氣與奮鬥的精神，上弦月與五稜星是伊斯蘭教世界的共同特徵。

　　阿爾及利亞發現豐富的石油及天然氣，成為能源重要供應國之一。此外，鐵礦及軟木均有出產。此國北部是地中海型氣候，中部是熱帶草原，南部是沙漠。

✤ 圖 N1 100 第納爾鈔票正面

16 世紀鄂圖曼時代，阿爾及利亞人反抗土耳其入侵，奮力戰鬥的場景（圖 N1）。

也影射 1830 年起法國人開始入侵，但由於頑強的抵抗，法國直到 1900 年才占領整個阿爾及利亞，代表阿爾及利亞人不屈服的精神。

✤ 圖 N2 100 第納爾鈔票背面

在鄂圖曼時代，海上戰艦（中間）及陸上騎兵（左側）（圖 N2）。

✤ 圖 N3 200 第納爾鈔票正面

阿爾及利亞最初原始居民是柏柏爾人，歷史上曾經受過腓尼基人和羅馬人的統治。8 世紀起阿拉伯人進入，本地開始伊斯蘭化。伊斯蘭教乃為阿爾及利亞國教，大部份的人都信奉伊斯蘭教，圖 N3 中為穆斯林討論可蘭經內容。

✤ 圖 N4 200 第納爾鈔票背面

圖 N4 中為伊斯蘭學校，旁有國花「夾竹桃」——因莖部像竹，花朵像桃而得名。

❖ 圖 N5 500 第納爾鈔票正面

歷史上迦太基統帥漢尼拔 Hanniba(247~183BC)，率大象及部隊越過阿爾卑斯山脈（圖 N5），成功襲擊羅馬軍隊，有名的側擊戰。那場戰役稱之特拉比亞戰役，在戰爭中有盟軍努米底亞人（今阿爾及利亞人）驅使大象及步兵大敗羅馬軍的畫面。

❖ 圖 N6 500 第納爾鈔票背面

圖 N6 左側是哈馬姆‧邁斯胡廷 (Hamman meskhoutine) 瀑布。右側是聯盟漢尼拔的努米底亞（今阿爾及利亞）國王之大象騎士雄姿。中間是努米底亞 (Numida) 王國國王馬士尼薩 (Massinissa) 古墓。

❧ 圖 N7 1,000 第納爾鈔票正面

圖 N7 右側為民族工藝品——水牛頭，底部長約 800 公里為塔西里地區 (Tassili) 的史前時期岩洞壁畫，有 1500 幅色彩豐富的繪畫與雕刻，記錄西元前 600 年至一世紀動物及人類生活演進，1982 年列入聯合國生態保護區，被認為是世界上最大的史前岩畫博物館。

❧ 圖 N8 1,000 第納爾鈔票背面

圖 N8 左側為阿哈加爾 (Ahaggar) 高原的史前弓角羚岩畫，1850 年德國探險家巴魯特無意中發現。右側為阿哈加爾高原的石峰奇景，內有史前岩畫，可以看到野生動物活動的圖像。

✤ 圖 N9 2,000 第納爾鈔票正面

圖 N9 左側是在大學課堂裡，教授在傳道、授業、解惑。右側是研發人
員在實驗室研究。二者強調教學相長，學以致用。

✤ 圖 N10 2,000 第納爾鈔票背面

圖 N10 左側是代表能源之「水」，中間是代表城市建設的「高樓大廈」，鈔
票上的「棕櫚樹」及「橄欖樹」是代表農業，此定調阿爾及利亞產業發展方向。

一鈔一世界

在 100 元到 1,000 元鈔票中，顯示阿爾及利亞歷史相當久遠，從史前
的岩壁畫及石峰奇景可見一二，也歷經多個種族和文化入侵，從是迦
太基之領地，到成為羅馬帝國、鄂圖曼帝國之一省，最後成了法國殖
民地，而阿拉伯國教信仰也深深影響阿爾及利亞。在旅行中，可發現
不少中古時期之清真寺、宮殿及法國殖民期之建築，為當地帶來不少
的文化特色及觀光資源。

阿爾及利亞的領土是非洲之冠，也是地中海國、回教國面積最大的，
在區域性是大國，所以在 2,000 元的鈔票不走「歷史長河」，而投向
未來性、前瞻性，定調為國家發展方向。

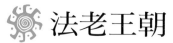 法老王朝

埃及
Egypt

⑤ ⑩ 50 100

面積： 100萬平方公里

人口： 約9,755萬人

（2021年）

（非洲第3）

首都： 開羅(Cairo)

幣值： 埃及鎊

（Egypt Pounds, EGP）

1美元≒8.7E.P

紅色代表革命及犧牲；白色代表光明的未來；黑色表示被外族統治的黑色歲月。中央的國徽稱為「薩拉丁之鷹」，是對抗十字軍英雄薩拉丁的標誌，或代表古埃及法老王之圖騰。法老王是神的兒子，集財富與權力於一身。國旗上的老鷹沒了，就是葉門國旗。

埃及的蘇伊士運河貫穿地中海及印度洋，以前為英、法兩強控制，1956年才收歸國有，是埃及一項重要收入。此外，埃及也是文化古國，古蹟名勝眾多，旅遊條件優異。自然資源有石油、天然氣、磷及棉花，有二百萬人赴海外工作，是外匯重要來源。

❖ 圖 N11 1 鎊正面

蘇丹 · 卡特巴清真寺 (The Mosgue of Sultan Quayet-Bay, 圖 N11)，以清真寺前身為舊世界七奇之一的亞歷山大燈塔，因地震而全毀，運用其石塊在 1480 年原址建造，以國王（蘇丹）卡特巴的名字來命名。

❖ 圖 N12 1 鎊背面

埃及阿布辛貝大小神殿 (Abu Simbel Temple, 圖 N12) 兩殿相距 90 公尺，西元前 1275 年埃及十九王朝法老拉姆西斯二世創建，是利用尼羅河邊的岩石山斷崖挖掘築成，一種岩石洞式的神殿寬 37 公尺、深 61 公尺，大神殿正面有四座拉姆西斯二世的座像，每一座高 20 公尺。神殿裡裝飾各種各樣的雕刻、浮雕圖案，美麗動人，神色自若，是埃及重要文物，1979 年列入世界文化遺產。

✤ 圖 N13 5 鎊正面

埃及伊本 · 圖倫清真寺 (The Ibn Tulun Mosgue, 圖 N13) 建於西元 879 年，雖經歷滄桑依然保持風貌，是一座門廊式的清真寺。拱門內弧的石膏上刻有幾何圖形，門廊頂部的木面上刻有《可蘭經》的經文。伊本 · 圖倫清真寺有六座尖塔，北面有很罕見的螺旋狀樓梯，爬上去才能一覽清真寺典雅的全景。伊本 · 圖倫清真寺的尖塔是全埃及唯一外建螺旋樓梯的尖塔，是埃及現在最古老清真寺（浮水印是法老王圖坦卡門的黃金面具）。

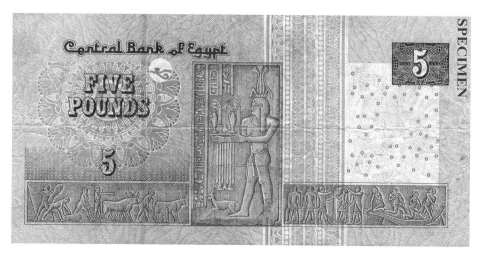

✤ 圖 N14 5 鎊背面

古埃及國王文字浮雕（圖 N14），埃及的象形文字是從原始社會最簡單的圖畫和花紋產生出來的，但這種文字最初僅僅是一種圖畫文字，後來才發展成象形文字。古埃及文字對腓尼基字母的形成有著重要的影響。由於古埃及象形文字的繁難，隨著古埃及的滅亡，逐漸變成死文字，完全被人們遺忘，後為法國拿破崙埃及遠征軍破解。

鈔票下端顯示，工匠及農夫勤奮耕種農作的壁畫，是尼羅河帶來豐碩大地。

✤ 圖 N15 10 鎊正面

利法伊清真寺 (Al-Rifai Mosgue, 圖 N15) 的景觀，建於 1869 年，有 4 個石碑式的正面結構。寺內有利法伊教長、福瓦德國王以及伊朗前國王巴勒維之墓。

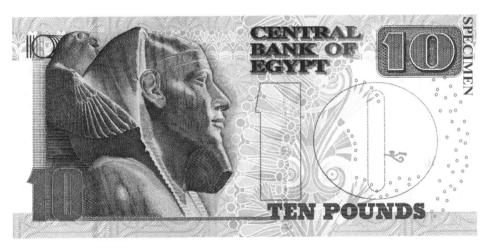

✤ 圖 N16 10 鎊背面

埃及第二大金字塔墓主哈夫拉 (Khafra, 圖 N16) 法老王頭像雕像，「法老」是對古埃及國王特有的稱呼，是神的化身，具有絕對的權威。古埃及人對法老的崇拜幾近瘋狂，僅僅是法老的名字就具有不可抗拒的魔力，官員們以親吻法老的腳而感到自豪。西元前四千年中葉，尼羅河流域出現了許多小國，下埃及國王戴紅冠，以蛇神為保護神；上埃及國王戴白冠，以鷹神為保護神。經過幾百年的征戰，形成了統一的國家，建立起專制集權的統治。法老一直保留這樣的頭銜：「兩國的統治者」和「上、下埃及的國王」，頭戴上、下埃及國王的合冠。

✤ 圖 N17 20 鎊正面

穆罕默德‧阿里清真寺 (Mahammad Ali Mosgus, 圖 N17) 建於 1830 年，模仿伊斯坦布爾清真寺，整個建築具有阿拔斯王朝時期的建築風格；它有一個巨大的拱頂和兩座尖塔，這個特徵是埃及其他清真寺所沒有的。巍峨的阿里清真寺建在開羅以北的山頂上，禮拜殿呈正方形，上有高聳的圓頂是殿中心。清真寺外牆是用雪花石瓷磚鑲嵌的，所以又被稱為雪花石清真寺。在埃及眾多清真寺是最美的一座。

✤ 圖 N18 20 鎊背面

賽索特里斯一世神殿 (The Pillars of Sesostris Temple)，有關他出征的英勇事蹟（圖 N18 左側有其征戰兩輪馬車），在埃及史料上的記載相當多，神殿石柱的浮雕、壁畫滿牆、圖文並茂，對法老的生前竭盡彩筆描繪之能事。

✤ 圖 N19 50 鎊正面

阿布 · 胡拉貝 (Abu Huraiba, 圖 N19) 清真寺的建築結構嚴整、質樸。中心部位是禮拜大殿，大殿建築一般呈凸字形，內部設置比較簡單，牆壁素潔典雅。

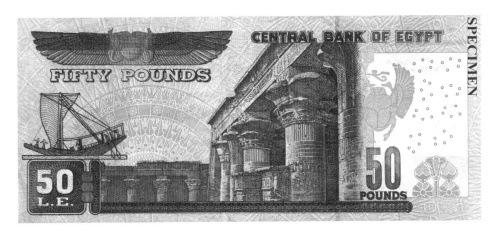

✤ 圖 N20 50 鎊背面

艾德夫神廟 (Edfu Temple) 又稱荷魯斯神殿，位於尼羅河西岸，介於路克索和亞斯文之間。埃及第二大的神殿——荷魯斯神殿（圖 N20），這座神殿保存之完整，僅次於路克索的卡納克神殿。荷魯斯神殿目的是獻給正義化身——鷹神荷魯斯。神殿四周外廊圓柱體建築，入口塔門旁一對巨大的灰色花崗岩鷹像。神殿中牆上的浮雕，色彩及圖樣都很鮮明。鈔票左側是古代太陽神船。

✤ 圖 N21 100 鎊正面

蘇丹哈桑 (Sultan Hassan, 圖 N21) 清真寺是最精緻的一座，建於 14 世紀，是馬木留克王朝之建築代表作，內部有大理石的祈禱殿壇，有許多象牙及金銀製的雕飾，看來富麗堂皇。蘇丹哈桑清真寺的尖塔是中世紀開羅最美的尖塔之一，有近 80 公尺高，其底座是方形，柱身卻是八角形，十分特別。

✤ 圖 N22 100 鎊背面

斯芬克斯 (Sphinx, 圖 N22) 人面獅身像 20 公尺高，約建成於西元前 2611 年（第四王朝）。這座人面獅身像頭上戴條紋相間的頭巾，前額雕有神蛇烏萊，下巴有一條 5 米長的鬍鬚。「斯芬克斯」在當時是作為太陽神的代表，同時也是帝國權威的象徵。從現在來看，它是世界上最早的一座人物紀念碑。

很有名的斯芬克斯謎題：「什麼東西在早上用四條腿走路，中午用兩條腿走路，晚上用三條腿走路呢？」答案是「人」！因為小時候用雙手雙腳在地上爬，長大後用兩條腿走路，年老走路不穩，需多握一根拐杖。

❖ 圖 N23 200 鎊正面

昆尼貝 (Qanibay, 圖 N23) 清真寺，
建於 1503 年。

❖ 圖 N24 200 鎊背面

埃及第五王朝（西元前 2600 年）
石灰石雕像──盤腿而坐，膝上草
紙捲，手握蘆葦筆，直視前方，似
在聆聽，表情嚴肅書記官坐像
(Seated Scribe，53.3 公分高，
圖 N24)，現珍藏在巴黎羅浮宮。

一鈔一世界

在 2006 年埃及發行 5 鎊鈔票，正面人物是赫赫有名的「埃及豔后」
──古埃及法老埃赫那吞的王后（圖 N25），歷史上絕代美人，在西元
前 1347 年照她（奈費爾提蒂）生前容貌雕刻彩塑，後為德國考古家
發現，現珍藏德國博物館島上的新博物館。

接觸埃及鈔票，正面大多是阿拉伯伊斯蘭文明，背面是古埃及法老文
明，它的圖案生動，深刻體驗埃及兩種文明，代表著埃及不朽的歷史
與燦爛的文化，它也深深影響到希臘與羅馬的藝術。

在埃及旅遊時，當地導遊或接觸之埃及人，對鈔票上的圖像如數家
珍，對它的典故、傳說娓娓道來，十分熟悉。值得一提，埃及人喜歡
在鈔票上塗鴉，似乎有愧於埃
及文明。

鈔票上的大清真寺，都位於開
羅老城區，數量之多居所有城
市之首，有千塔之城稱號，馳
名在回教世界，更是旅遊觀光
勝地，可一日遊持鈔比對一番。

❖ 圖 N25 5 鎊正面

綠色大漠

利比亞
Libya

⑤ ⑩ 50 100

面積： 176萬平方公里
（非洲第4）

人口： 約637萬人（2021年）

首都： 的黎波里(Tripoli)

幣值： 利比亞第納爾(Din)
1美元≒1.4YD

1951年12月24日利比亞自英法託管獨立，成立王國，採紅、黑、綠三色旗再加上白色弦月抱星，與回教國雙對比色相同。1969年8月31日強人格達費推翻王朝，採與埃及和敘利亞共同國旗（見埃及國旗），後因埃及與以色列握手言歡，1977年11月11日利比亞的國旗就在一夜之間變成全綠色，這也是世界上唯一一面只有一種顏色的國旗。2011年8月11日民主浪潮推翻格達費，再度恢復王國時國旗。

石油是利比亞經濟支柱，全國大部分是沙漠，但有豐富地下水，興建工程浩大之灌溉系統，擁有地中海型經濟作物。

✤ 圖 N26 1 第納爾正面

慶祝 2011 年 2 月 17 日革命勝利（圖 N26），推翻強人格達費之慶祝人群揮舞新國旗。

註：強人 Muammar Qaddafi（格達費），利比亞的政治領導，一次成功的突然行動推翻 Idris I，Qaddafi 委任自己當利比亞的總司令和主席稱之「九月革命」。他是阿拉伯民族主義、革命社會主義，和伊斯蘭教的正教，也支持許多國際恐怖份子和游擊隊員組織。他的「綠書」是一篇論伊斯蘭教的社會主義。支持者說他是民族英雄，反對者說他是狂人，自 1969 年執政長達 42 年，在 2011 年受埃及、突尼西亞革命影響，反對派發動內戰，在交火中槍擊身亡。

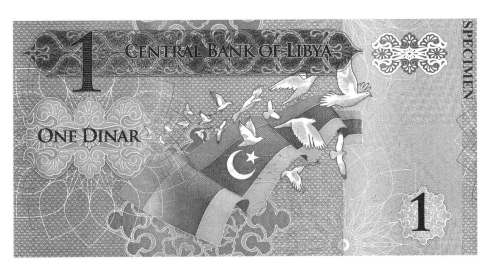

✤ 圖 N27 1 第納爾背面

圖 N27 鈔票上是飄揚的利比亞新國旗及和平鴿。

2010 年底在北非及西亞發生一系列以民主及經濟的「阿拉伯之春」運動，在北非的突尼西亞於 2011.1.14 總統阿里亡命沙烏地，2011.2.11 埃及總統穆巴拉克下台，2011.10.20 利比亞格達費被殺，原全綠旗也易幟新國旗。

✤ 圖 N28 5 第納爾正面

「沙漠之舟」駱駝是撒哈拉沙漠的交通工具，圖 N28 鈔票上是母子單峰駱駝（註：單峰多在非洲，雙峰在中亞，雙峰比較健壯、結實、吃苦耐勞，但單峰跑得較快），阿拉伯人有賽駱駝的傳統，在利比亞的沙漠小城厄特每年的十二月份都會舉行全國駱駝大賽，參賽的都必需是單峰白駱駝。

✤ 圖 N29 5 第納爾背面

利比亞情報人員阿爾梅格拉希 (Abdelbaset Ali Mohmed Al Megrahi)1988 年在蘇格蘭洛克比上空炸毀客機，導致 270 人死亡，此空難是格達費下的命令，紀念碑上列出空難死者名字，碑下有紀念聚會之人群（圖 N29）。

❖ 圖 N30 10 第納爾正面

奧馬爾 · 穆赫塔爾 (Omar el–Mukhtar, 1858~1931, 圖 N30)，利比亞國家主義者，長期對抗義大利人的侵略，他用他的方式與義大利軍隊交鋒，贏得由殖民地隊伍劃分了的部落，奮鬥期間讓義大利入侵者撤退至沿海堡壘外，是一個民族英雄。

❖ 圖 N31 10 第納爾背面

圖 N31 中是堡壘「塞卜哈遺址 Sabha fortress」，的黎波里是腓尼基人所建立的三個市鎮，統稱「的黎波里」，位於利比亞北部地中海口，曾經遭受希臘、腓尼基、羅馬、拜占庭、奧圖曼土耳其等帝國的爭奪與侵略，是全國政治、經濟中心，大劇場、競技場和賽馬場是古羅馬人最喜歡去的娛樂場所，而這些建築也最具古羅馬遺跡的代表，1982 年列入世界文化遺產。

堡壘下有聚會之人群，宣布推翻強人政治，建立人民政權。

✤ 圖 N32 20 第納爾正面

在利比亞西北邊界，位首都 500 公里的綠洲城鎮——古達米斯 (Ghadames, 圖 N32)，以獨特的
沙漠伊斯蘭教風格建築及地下城市結構著稱，內有一所沙漠學校，1986 年已被列為世界文化遺
產。

✤ 圖 N33 20 第納爾背面

鈔票上是位於 Oujlah 的 Al–Ateeg 清真寺（圖 N33）。
註：和其他阿拉伯國家一樣，利比亞到處可見清真寺，但此寺沒有尖塔圖頂，是利比亞穆斯林特
有的。

✤ 圖 N34 50 第納爾正面

鈔票上是第二大城班加西燈塔 (Benghazi Lighthouse) 面向地中海（圖 N34 ）。

✤ 圖 N35 50 第納爾背面

利比亞西部沙漠地區塔德拉爾 · 阿卡庫斯 (Padart Acacus, 圖 N35) 處的弧形岩石，此地區內有豐富的史前石刻岩畫，展現各個時代的不同文化、生活場景，留下極重要史料，1985 年列入世界文化遺產。

一鈔
一世界

世界最大的撒哈拉沙漠覆蓋了利比亞 90% 以上的土地，在 5 元鈔票中，駱駝為其特色之一，因盛產石油，所以經濟漸漸好轉，在 10 元、20 元、50 元之中有最著名的歷史古蹟，城內仍保留有相當豐富的建築遺跡，也是他們引以為傲的文化財產之一，十分具有觀光潛力。

利比亞（Libya，中國大陸同譯名），位居北非沿海，屬地中海氣候，國土大部份為撒哈拉沙漠，西元前三世紀就曾建立努米底亞帝國，歷史悠長在鈔票可見一斑，1912 年成為義大利殖民地，1951 年宣告獨立，1969 年政變由強人格達費 (Qaddafi) 主政 42 年，2011 年 2 月內戰而改朝換代。

10 元鈔票顯示推翻格達費政權，人民歡心鼓舞，原有 50 元正面有戴墨鏡的格達費頭像（圖 N36），20 元背面有格達費和數名其他非洲領導人的合影（宣布建立非洲聯盟的景象，圖 N37）。利比亞央行印刷新鈔票，回收印有格達費頭像之鈔票（1 新鈔 =1,000 舊鈔，舊鈔 2013 年 9 月停用）。格達費奉行強權政治，大搞個人崇拜，舊版有其頭像紙鈔將走入歷史。

❖ 圖 N36 舊鈔 50 第納爾正面

❖ 圖 N37 舊鈔 20 第納爾背面

磷酸王國

摩洛哥
Morocco

⑤ ⑩ 50 100

面積：44.7萬平方公里
人口：約3,574萬人(2021年)
首都：拉巴特(Rabat)
幣值：迪拉姆(Dirham)
　　　1美元≒9.8D

紅色代表摩洛哥祖先旗幟的色彩，為了和共產國家及其他的紅旗有所區別，中央加上了一顆綠色的「蘇利曼之星」。綠色是回教最尊崇的顏色，代表國泰民安。

　　因地緣關係與南歐往來頻繁，有二萬人赴西班牙、法國當外勞，又透過駱駝商業經撒哈拉與西非相連，建立龐大財富與繁榮。其經濟主要是磷礦（世界首位）加工業及紡織業（羊毛產量世界第六）

　　摩洛哥位歐非要道，氣候宜人，有北非公園美稱。

✤ 圖 N38 20 迪拉姆正面

穆罕默德六世 (Mohammed Ⅵ，1963 年 8 月 21 日～，圖 N38)，全名：西迪・穆罕默德 (Sidi Mohammed)，摩洛哥前國王哈桑二世的長子，1979 年被立為王儲。1999 年 7 月 30 日登基，成為摩洛哥阿拉維王朝的第 22 位君王。

登基之後，致力創造就業，改善人權、提高婦女地位，受埃及、突尼西亞、利比亞民主運動之影響，自限權力，實施君主立憲制，在君王財富排行榜名列前茅。

✤ 圖 N39 20 迪拉姆背面

左側為首都拉巴特 (Rabat) 為紀念先王的哈桑二世大橋 (Hassan Ⅱ bridge, 圖 N39)，中間是摩洛哥西部都市卡薩布蘭卡 (Casablanca)，它是是最大的都城，人口比首都多很多。其中央建築是哈桑二世清真寺 (Hassan Ⅱ Mosque)，其設備之先進，在伊斯蘭教世界各列前茅。

❖ 圖 N40 50 迪拉姆正面

圖 N40 鈔票上是穆罕默德六世（如同 20 元所述）。

❖ 圖 N41 50 迪拉姆背面

圖 N41 左側為摩洛哥中部地區塔德萊 (Tetouan)・ 艾濟拉勒大區的橄欖樹瀑布 (Ouzoud Falls)，中為摩洛哥國樹「栓皮櫟」，學名：Quercus variabilis，是落葉喬木，高達 25 公尺，具發達之栓皮層，可做軟木工業原料、釀酒、製藥等。摩洛哥沿海屬地中海型氣候，內地屬沙漠氣候。

✤ 圖 N42 100 迪拉姆正面

圖 N42 鈔票上是穆罕默德六世（如同 20 元所述）。

本鈔票採行世界首枚新款安全線，名曰滾動星 (Rolling Star)，它可變色，可位移。

✤ 圖 N43 100 迪拉姆背面

鈔票左側為風力發電場（圖 N43），近年歐盟大力投資，把摩洛哥的熾熱撒哈拉沙漠之風暴，變成供應歐洲電力的超級發電廠，稱為沙漠科技 (Desertec)。

圖中為駱駝隊，現騎駱駝穿行撒哈拉 (Sahara) 沙漠，是行走奇異摩洛哥的觀光賣點。撒哈拉沙漠包括阿爾及利亞、摩洛哥、埃及、利比亞、突尼西亞、蘇丹、毛利塔尼亞、查德、尼日、馬利，是全世界最大的沙漠。

✤ 圖 N44 200 迪拉姆正面

圖 N44 鈔票上是穆罕默德六世（如同 20 元所述）。

❀ 圖 N45 200 迪拉姆背面

左側是丹吉爾港 (Tangier, 圖 N45)，它是摩洛哥北部古城，位於非洲西北角，是進入歐洲直布羅陀入口處，洋溢著多重文化風情。遠在西元前二世紀就建成。在古希臘神話中，有大力士神赫丘力士一刀劈開歐洲與非洲的海岬角。

中間為丹吉爾港的斯帕特爾 (Spartel) 燈塔。

一鈔
一世界

摩洛哥（Morocco，中國大陸同譯名）位於非洲西北端，隔直布羅陀與西班牙相對，1912 年成為法國殖民地，1956 年獨立，實施君主立憲，漁業資源豐富，現改善投資環境，吸引國外投資。

摩洛哥鈔票的正面都是現任國王穆罕默德六世 (1963~)，但前期鈔票有父親哈桑二世 (Hassan II 1929~1999)、祖父穆罕默德五世 (Hassan V 1909~1961)，二代或三代同時出現在鈔票上（圖 N46、N47），表示王權之傳承。並宣稱其祖先是先知穆罕默德。

摩洛哥氣候溫和，擁有美麗風光，旅遊業是重要支柱，所以鈔票背面大多是摩洛哥重要景點。

❀ 圖 N46 200 迪拉姆正面圖　　　　❀ 圖 N47 100 迪拉姆正面

世界新國

南蘇丹
South Sudan

⑤ ⑩ 50 100

面積：62萬平方公里

人口：約1,258萬人(2021年)

首都：朱巴(Juba)

幣值：南蘇丹鎊（SSP）

　　　　1美元≒3SSP

國旗有六個顏色（與南非同為最多顏色國旗），黑色代表南蘇丹之黑人，白色代表和平，紅色是烈士鮮血，青色為尼羅河，綠色代表肥沃農田，黃星就是全民團結，也是基督教伯利恆之星。因種族與信仰和北部「蘇丹」之差異，於2011年7月9日獨立。

美國〈外交政策〉雜誌曾公布全球「失敗國家指數」（Fragile States Index），南蘇丹居榜首，也是世界經濟成長居世界最低的。

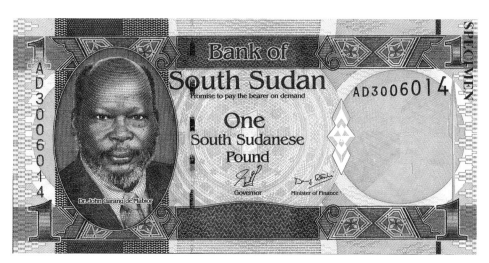

✤ 圖 N48 1 南蘇丹鎊正面

約翰‧嘉蘭（John Garang, 1945~2005, 圖 N48）曾是蘇丹的前副總統，為南蘇丹解放軍的創建者，被尊為南蘇丹國父。

他曾在美國受教育，並獲得經濟博士學位，回國從軍後高舉反旗，控制南蘇丹大部份，2005 年 7 月 30 日赴烏干達訪談而墜機身亡，未能看到獨立。2011 年獨立後首任總統是薩爾瓦‧基爾‧馬亞爾迪特（Salva Kiir Mayardit 1951~ ）。

✤ 圖 N49 1 南蘇丹鎊背面

長頸鹿身高 6 米（圖 N49），是陸地上最高的動物，主要分布南蘇丹、伊索比亞、肯亞、坦桑尼亞及尚比亞。

❖ 圖 N50 5 南蘇丹鎊正面

南蘇丹國父約翰 • 嘉蘭（圖 N50，如同 1 元所述）。

❖ 圖 N51 5 南蘇丹鎊背面

蘇丹庫巴牛（Sudan Juba Cattle, 圖 N51），是南蘇丹之本地牛（似羊似牛），由於南蘇丹有半年乾旱，不利采采蠅在此發育，又白尼羅河定期氾濫，有助牧草地的繁殖，所以成為重要的牛產地。

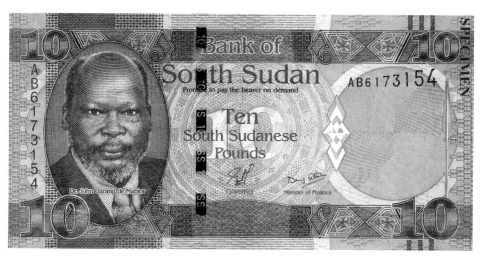

✤ 圖 N52 10 南蘇丹鎊正面

南蘇丹國父約翰 ‧ 嘉蘭（圖 N52，如同 1 元所述）。

✤ 圖 N53 10 南蘇丹鎊背面

非洲野牛（圖 N53）與大象、獅子、獵豹、犀牛並稱非洲五霸 (Big 5)。
非洲野牛沒有被馴化，習性兇猛，成群結隊，是最危險的動物之一。

✤ 圖 N54 25 南蘇丹鎊正面

南蘇丹國父約翰 · 嘉蘭（圖 N54，如同 1 元所述）。

✤ 圖 N55 25 南蘇丹鎊背面

直角劍羚 (Hippopo tamus, 圖 N55)，棲息在半沙漠，主要吃草與樹葉，群居，頭部、頸部、腹部有黑色斑紋分界。

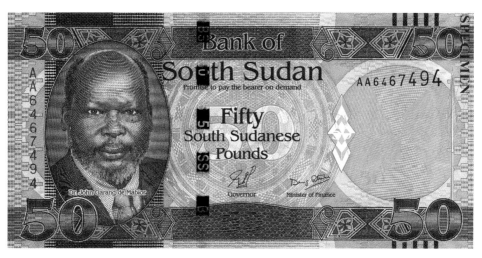

❖ 圖 N56 50 南蘇丹鎊正面

南蘇丹國父約翰 · 嘉蘭（圖 N56，如同 1 元所述）。

❖ 圖 N57 50 南蘇丹鎊背面

非洲大象（圖 N57）是現存最大的陸上哺乳動物，公母均有象牙（亞洲象公的才有），以野草、樹葉為生，群居生活，因象牙珍貴，常被人類射殺，現列為聯合國保護瀕危物種。

♣ 圖 58 100 南蘇丹鎊
正面

南蘇丹國父約翰 · 嘉蘭（圖
N58，如同 1 元所述）。

♣ 圖 N59 100 南蘇丹鎊
背面

非洲雄獅（圖 N59）人稱萬獸
之王，是非洲最厲害之掠食者，
公獅頸部有獅鬃。

South Sudan

一鈔一世界

南蘇丹的鈔票，正面都是國父 John Garang，背面都是非洲大型哺乳動物，像大羚羊、水牛、大象、獅子、長頸鹿等（南蘇丹以熱帶雨林及草原為主）。境內有南方國家公園、波馬國家公園等。

蘇丹原為非洲面積最大國家，在 2011 年 7 月 9 日南蘇丹獨立，降為第三大。為何南蘇丹會獨立呢？主要是北部阿拉伯人，信奉伊斯蘭教，南部是黑人哈姆族，信仰原始宗教或基督教，南北對立。

近年又發現蘊藏原油源，然 80% 都在南蘇丹，肥水不落人外田。此外，英國殖民蘇丹採行隔離政策，且重北輕南，公務員、軍官大多來自北蘇丹，南蘇丹地位受到壓迫，對國家認同有偏離感，在鈔票正面人物嘉蘭 (Garang) 號召各族成立蘇丹人民解放軍 (Sudan People's)。

南蘇丹 2011.7.9 正式成為非洲第 54 個國家，是聯合國最後一個加入的國家 (2011.7.14)，成為第 193 個會員國。

世界火爐

蘇丹
Sudan

⑤ ⑩ 50 100

面積：188.6萬平方公里
　　　（非洲第3）
人口：約4,053萬人(2021年)
首都：喀土穆(Khartoum)
幣值：蘇丹鎊(SDG)
　　　1美元≒6.4SDG

紅色表示革命與犧牲；白色代表和平與光明；黑色象徵非洲黑色人種；綠色則表示篤信的回教，也象徵農產的富足。黑、白、紅、綠之配色，也是阿拉伯國家常用顏色。

　　非洲第一大國蘇丹是多種族、多語言國家，主要北部阿拉伯人，信回教；南部哈姆族，信奉傳統宗教及基督教，南北對立。南部蘇丹公投獨立，於2011年7月9日另組一新國家。

　　蘇丹經濟以農牧為主，精華區在白、青尼羅河相夾區，牧業以養牛最重要，阿拉伯膠為主要出口品。

✤ 圖 N60 1 蘇丹鎊正面

一隻飛翔的鴿子，背後建築是蘇丹的中央銀行（圖 N60），表示國家力保金融安定。

✤ 圖 N61 1 蘇 丹
鎊背面

一雙放飛的和平鴿
（圖 N61）。正、背
面有夢想和平願望，
因蘇丹久經內亂。

✤ 圖 N62 2 蘇 丹
鎊正面

蘇丹的民間工藝（圖
N62）如漆藝、竹木
工藝、陶藝、石雕等。

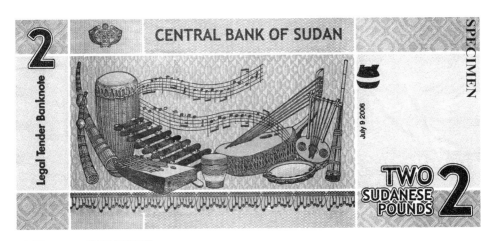

❖ 圖 N63 2 蘇丹鎊背面

蘇丹的民間樂器（圖 N63）如魯特琴、直笛 (Nay)、手鼓 (Daf)、皮鼓等。
2 蘇丹鎊鈔票正、背面展示蘇丹固有藝術。

❖ 圖 N64 5 蘇 丹
　 鎊正面

現代伊斯蘭建築及通
訊衛星（圖 N64）。

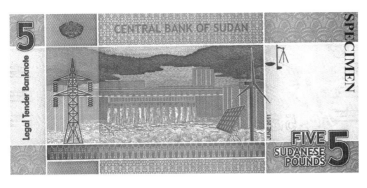

❖ 圖 N65 5 蘇 丹
　 鎊背面

鈔票正中是水庫大壩
（圖 N65），太陽能
發電板，風力發電。
左側是電力傳輸系
統。
5 蘇丹鎊正、背面顯
示國家前瞻性。

✤ 圖 N66 10 蘇丹鎊正面

蘇丹有撒哈拉沙漠，故鈔票上的樹、瘤牛、駱駝都是財富象徵（圖 N66，蘇丹是世界最熱的國家之一，首都被稱世界火爐，大街小巷成片的榕樹）。

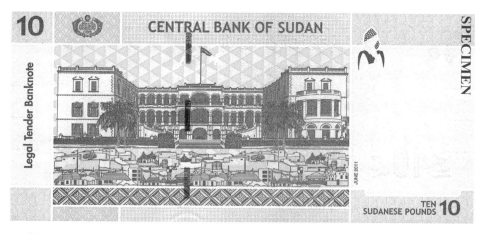

✤ 圖 N67 10 蘇丹鎊背面

首都喀土穆 (Khartoum) 的人民宮 (People's Palace, 圖 N67) ——國會大廈。

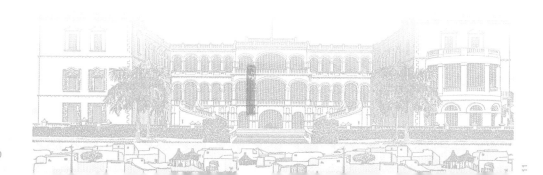

✤ 圖 N68 20 蘇丹鎊正面

蘇丹的三大工程：修護金字塔、灌溉工程及鑽井平台（圖 N68）。

註：除了埃及金字塔、中美洲印地安人的太陽金字塔、百慕達海底金字塔外，鮮為人知的是蘇丹金字塔，有 200 多座，超出埃及一倍，這些遺跡在 2009 年起陸續被挖掘，極富觀光及研究價值，又石油收入對南北蘇丹都很重要。

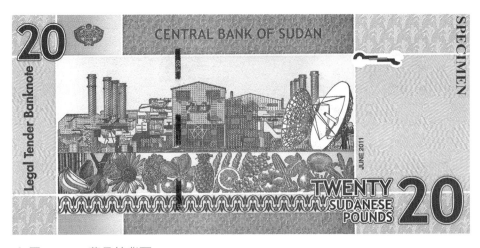

✤ 圖 N69 20 蘇丹鎊背面

蘇丹工廠（圖 N69）大多是日常用品工業，重工業較少，右側是衛星接收天線，下端為各式各樣的水果。

✤ 圖 N70 50 蘇丹鎊正面

非洲的野生大型草食動物（犀牛、大象、野牛、斑馬、長頸鹿，圖 N70）在草原上。

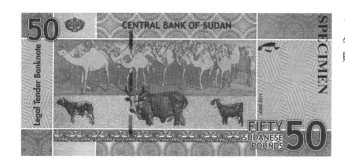

✤ 圖 N71 50 蘇丹鎊背面

牛（圖 N71）、羊、駱駝代表財富的放牧牲畜。

一鈔一世界

蘇丹原為非洲最大的國家，2011 年 7 月 9 日南方的南蘇丹宣布獨立，現成為非洲面積第三大國（原面積 250 萬平方公里，現為 188 萬平方公里），次於阿爾及利亞及民主剛果。

蘇丹在 2002 年有一版第納爾 (Dinars)，因為不斷通貨膨脹，在 2006 年全新改版，貨幣單位也由第納爾改成鎊 (Pound)，有 1、2、5、10、20、50 鎊六種（1 蘇丹鎊 =100 第納爾）。

南蘇丹獨立後，即發行「南蘇丹鎊」以示區隔，蘇丹總統奧馬爾・巴希爾下令發行新版蘇丹鎊，新舊比例維持 1:1，除了蘇丹鎊不變外，其餘改顏色不改圖案。

蘇丹的鈔票大多是風土民情及國家展望。

橄欖之邦

突尼西亞
Tunisia

(5) (10) [50] [100]

面積：16.4萬平方公里

人口：約1,181萬人(2021年)

首都：突尼斯(Tunis)

幣值：第納爾(Dinar)
　　　　1美元≒2.0D

突尼西亞本是鄂圖曼土耳其的一個行省，所以
國旗設計十分相像，弦月與星星是回教象
徵，表示為伊斯蘭教國家，紅色象徵犧牲與奮鬥。

　　突尼西亞以前是腓尼基人所在地，商業鼎盛，
有「世界之都」美名，最後為法國殖民。礦產以石
油及磷酸鹽為主，現已轉型製造業，其中以紡織成
長最快，因鄰地中海，亦發展旅遊業。

✤ 圖 N72 5 第納爾正面

漢尼拔 (Hannibal, 247BC~183BC)，迦太基的將軍，漢尼拔誕生於迦太基（非洲北部的古代城邦，就是現在位於北非的突尼西亞首都——突尼斯），漢尼拔跟隨他的父親 Hamilcar Barca 學習許多事物。在布匿戰爭 (Punic War，西元前 264~241)，漢尼拔經西班牙越過阿爾卑斯山橫掃羅馬，屢戰屢勝，歷史上有名的側擊戰千古傳頌，是一民族英雄。左側背景是迦太基古城（圖 N72），在第三次布匿戰爭，殘垣斷壁，令人發思古幽情。

✤ 圖 N73 5 第納爾背面

古迦太基戰船（圖 N73），其航速快，機動性好，人員訓練有素，採用撞擊戰術。當腓尼基在地中海東岸的本土政權衰弱後，殖民北非（突尼西亞）的迦太基憑藉強大航海能力，成為在地中海的霸權。

✿ 圖 N74 10 第納爾正面

鈔票上人物是建國的迦太基女王艾莉莎（Queen Elissa, 西元前九世紀，圖 N74），她遠自地中海東岸的腓尼基，因王位與弟爭奪，率手下出逃，航行至今突尼斯建國，號「迦太基」。鄰近的強國國王雅爾巴斯 (Iarbas) 向她施壓求婚，艾莉莎怕戰火爆發而下嫁，結婚儀式拿劍自焚而死。後來迦太基將她奉為保護迦太基的女神——「坦尼特」（Tanit）。

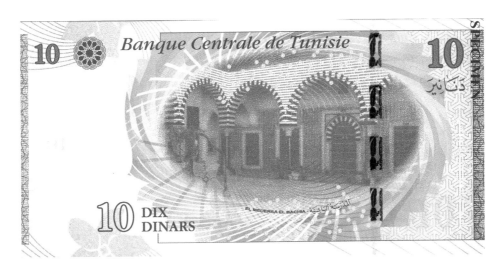

✿ 圖 N75 10 第納爾背面

杜迦古羅馬遺址 Roman ruins in Dougga（圖 N75），1979 年列世界文化遺產。

迦太基在西元 146 年被古羅馬滅亡，新的羅馬——在迦太基原來廢墟重建，有宮殿、神廟、廣場、賽馬場、大浴場、競技場、民房、基地、港口，現在殘存遺跡是羅馬人在西元前 146 年到西元 439 年占領時重建的。在北非洲所有古羅馬遺跡中，保存最完好的。

❖ 圖 N76 20 第納爾正面

突尼西亞獨立先驅海爾丁 ‧ 埃布希 (Kheireddine Et-Tounsi, 1822~1889)，他的馬上英姿，曾是軍事學院院長，身穿黑軍服，頭戴紅色氈帽，左手執鞭，右手斜握指揮刀，十分神勇。背景是突尼西亞南部城市 Ksar Ouled Sotaned 古老糧倉的遺址（圖 N76）。

❖ 圖 N77 20 第納爾背面

在首都內的薩迪奇學院 (Sadiki College, 圖 N77)，以文學研究著稱。

✤ 圖 N78 30 第納爾正面

艾卜勒・卡西木・沙比 (Aboul EL Kacem Chebbi, 1909~1934, 圖 N78)，他是突尼西亞的知名詩人，從小受阿拉伯傳統教育，作品大多為抒情詩，洋溢著熱愛自由、追求解放的感情，是傑出的浪漫主義詩人。他的詩多用簡明的韻律，通俗、流暢，被阿拉伯文學界譽為「突尼斯民族之光」。背景為國家應用科學院及天文台。

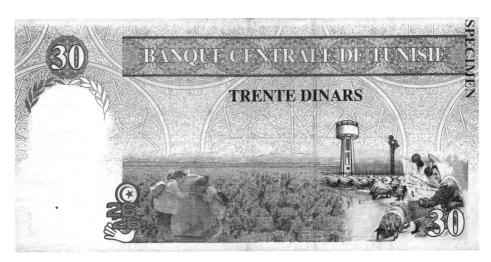

✤ 圖 N79 30 第納爾背面

鈔票圖案中有女童、羊群、紡織（圖 N79），突尼西亞經過 30 多年的發展，成為世界主要的服裝出口地之一。突尼西亞蓬勃的服裝出口業與歐盟的委外加工貿易相關。歐盟發達國家輸出布料或服裝組件到突尼西亞加工，然後把製好的衣服運回本國。

鈔票上端有全國互助計劃的標誌，下有其圖案──向貧窮地區輸電、引水，發展農業及手工業。

✤ 圖 N80 50 第納爾正面

古突尼西亞詩人依本 · 哈希克 (Ibn Rachig, 999~1063, 圖 N80)，其後背景為貨幣博物館，陳列突尼西亞古今錢幣。

✤ 圖 N81 50 第納爾背面

首都 Kasbah 區的政府大樓及中央廣場（圖 N81）。

突尼西亞（Tunisia，中國大陸譯名突尼斯）位於非洲北端，為北非面積最小國家，因此東臨地中海，盛產橄欖，產量居世界第4位，有「橄欖之邦」美稱，古為迦太基國，曾與古羅馬交戰先勝後敗，7世紀阿拉伯殖民，1882年為法保護國，人民武裝起義尋求獨立，在鈔票5、10、20元可看到這段歷史與遺跡，1956年正式獨立，改名突尼西亞王國，1957年民族主義領袖哈比卜・布爾及八推翻帝制，擔任首任總統，近30年統治，為扎因・阿比丁・本・阿里在1987年11月7日政變，在原有5、10、20元背面都印上此日期（見附鈔票背後，圖N82、N83、N84）表示突尼西亞進入新的時代，2011年1月14日，總統阿里因茉莉花（突尼西亞國花）革命，在位20多年被逐下台，鈔票5、10、20元背面又再更改。阿里政權推翻後，經濟衝擊，失業嚴重。

SPECIMEN

❀圖 N82 5 第納爾舊鈔背面

❋ 圖 N83 10 第納爾舊鈔背面

❋ 圖 N84 20 第納爾舊鈔背面

第二篇 西部非洲
Western Africa

- 在地理上的習慣，西部非洲依英文字母排序有下列幾個國家：1.貝南(Benin)；2.布吉納法索(Burkina Faso)；3.維德角(Cape Verde)；4.甘比亞(Gambia)；5.迦納(Ghana)；6.幾內亞(Guinea)；7.幾內亞比索(Guinea Bissau)；8.象牙海岸(Ivory Coast)；9.賴比瑞亞(Liberia)；10.馬利(Mali)；11.茅利塔尼亞(Mauritania)；12.尼日(Niger)；13.奈及利亞(Nigerian)；14.塞內加爾(Senegal)；15.獅子山(Sierra Leone)及16.多哥(Togo)共十六國。

- 其中象牙海岸、多哥、尼日、幾內亞比索、塞內加爾、馬利、貝南、布吉納法索等八國發行共同貨幣——西非法郎(CFA)，其餘各國都有自己的鈔票。

- 西非各分區國家數目最多，主要是西非各國國界多半是直線，且多從海岸延伸內陸，國家林立，小國眾多。當年歐洲列強劃分勢力範圍時，對當地環境不甚瞭解，紙上作業或以經緯度，或以隨意直線分割，造成西非國家國境平直，國數驚人。

- 西非北部為撒哈拉沙漠的一小部份，往南是熱帶草原，其餘大部份是熱帶雨林，而反觀東非是大草原，有利長跑，所以衣索比亞、肯亞、烏干達、坦尚尼亞出了很多馬拉松名將，西非雨林多，適合短跑，左右盤腳，所以足球興盛，喀麥隆、奈及利亞、塞內加爾常在國際賽事與歐洲、南美一較長短。

- 西非高溫多雨、盛產可可、棕櫚、咖啡、橡膠、花生、棉花，手工藝品都很精緻，海岸線盛產金槍魚、沙丁魚、龍蝦，奈及利亞得天獨厚有豐富石油及天然氣，大多國家工業薄弱，在1960前後獨立，政爭、政變、貪污不斷，依賴單一經濟，生活水準都不是很好，人民樂天知命，喜好載歌載舞。

西非法郎

非洲金融共同體法郎

Communaute Financiere Africanine, CFA France

1美元≒575.63CFA

	面積 (萬km²)	人口 (萬)	首都
塞內加爾	19.7	1,570	達卡
馬利	124	1,960	巴馬科
布吉納法索	27.4	2,151	瓦加杜古
尼日	126.7	2,497	尼亞美
象牙海岸	32.2	2,582	雅穆索戈
多哥	5.7	828	洛梅
貝南	11.3	1,290	新港
幾內亞比索	3.6	192.1	比索

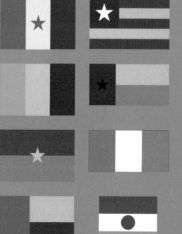

西非經濟暨貨幣聯盟目前計有塞內加爾(Senegal)、馬利(Mali)、布吉納法索(Burkina Faso)、尼日(Niger)、象牙海岸(Ivory Coast)、多哥(Togo)、貝南(Benin)、幾內亞比索(Guinea Bissau)，共八個會員國。

該聯盟前身為西非貨幣聯盟(UMOA／WAAMU)，原成立於1962年，在1994年才更改為西非經濟暨貨幣聯盟(UEMOA／WAEMU)。1962年成立之初僅有六會員國，1963年加入多哥(Togo)，1973年茅利塔尼亞(Mauritania)退出，1984年馬利(Mali)加入聯盟，1997年幾內亞比索(Guinea Bissau)加入。

總行設在塞內加爾首都達喀爾，發行共同貨幣「西非法郎」。

✤ 圖 W1 500 元鈔票正面

中央銀行標誌─鋸鰩（圖 W1）。
背景有西非地圖及平板電腦。

✤ 圖 W2 500 元鈔票背面

河馬（圖 W2），大型草食哺乳動物，外表圓渾可愛，但攻擊性頗強，因身體甚有經濟價值，常
被獵殺。

✤ 圖 W3 1,000 元鈔票正面

中間有代表西非央行標誌──鋸鰩（圖 W3）。
右側有代表醫藥衛生的紅十字及醫杖（可參考坦尚尼亞 500 元背面）。
右側亦有代表教育的書籍，手寫板及地球儀。

✤ 圖 W4 1,000 元鈔票背面

非洲單峰駱駝（圖 W4），亞洲多為雙峰駱駝。
一般雙峰駱駝比較強壯結實，吃苦耐勞。而單峰駱駝較高大，所以跑得比較快，因為不耐寒，不
適合在伊朗、中亞、新疆。由於體質關係，可以橫度沙漠，並為人類提供肉與奶。

✤ 圖 W5 2,000 元鈔票正面

中間是西非央行標誌──鋸鯊（圖 W5）。
背景有飛機、飛機場、火車、客車，表示要繁榮、要進步，就要發展交通事業。

✤ 圖 W6 2,000 元鈔票背面

Epinephelus aeneus 白色石斑魚（圖 W6）。
白色石斑魚能達到最大的長度大約 80cm，其重量大約 6.5
公斤。通常會出現在岩石或泥沙底部，是一種肉食性的
魚，捕食其他的魚維生。

❖ 圖 W7 5,000 元鈔票正面

中間為西非央行標誌—鋸鰩（圖 W7）。
右邊圖案是香蕉和稻米，西非以農牧立國，約有 85% 的國民從事農牧業。

❖ 圖 W8 5,000 元鈔票背面

非洲水羚又稱非洲大羚羊（圖 W8），學名：Kobus ellipsiprymnus，肩高 200 公分，體重約 200 公斤，分布範圍從沿岸到中非，通常在早晨及黃昏活動，雖叫「水羚」但不喜歡入水，身體有異味，肉食動物不太獵殺牠們。

❧ 圖 W9 10,000 元鈔票正面

中間為西非央行標誌──鋸鰩（圖 W9），背景為接收天線衛星 @ 符號 (e-mail)，電路、電磁波等圖案，代表朝向資訊與通訊新技術發展。

❧ 圖 W10 10,000 元鈔票背面

冠蕉鵑 (Tauraco，圖 W10)，是分布西非熱帶雨林的保育鳥。青色的翅膀及尾部，綠色腹部，身體其餘部份都呈紫色，以果實為主要食物，尤喜吃香蕉而得名。

一鈔一世界

西非金融共同體使用的紙鈔設計相同，以英文字母區分國別：
A. 象牙海岸 (Ivory Coast)、B. 貝南 (Benin)、C. 布吉那法索 (Burkina Faso)、D. 馬利(Mali)、G. 幾內亞比索(Guinea Bissau)、H. 尼日 (Niger)、K. 塞內加爾 (Senegal)、T. 多哥 (Togo)。

所有鈔票正面都有古代西非人使用的一種人臉鯰魚身形狀的銅質金衡—秤量黃金的砝碼，把它當做西非金融共同體法郎（西非法郎 CFA）的中央銀行標誌。

在西非法郎八國中，以務農為主，其中象牙海岸的可可、塞內加爾的花生都很有名，不過共同之農作物都是香蕉（5000 元正面，圖W7），還有珍貴的原始森林，在所有鈔票背面選擇水、陸、空代表性之動物。

與其他非洲鈔票不同的，西非法郎很著重「前瞻性」，在鈔票正面500 元是科技（圖 W1）、1,000 元是醫療（圖 W3）、2,000 元是交通（圖 W5）。

前一套西非法郎則是不同種族男女、老少之代表人物及風土人文（圖W11~W20），色彩鮮豔，愛不釋手，與大家分享。

❀ 圖 W11 500 元鈔票正面
水利及農夫（圖 W11）。

❀ 圖 W12 500 元鈔票背面
拖拉機耕種（圖 W12）。

❖ 圖 W13 1,000 元鈔票正面

婦女及農產運送（圖 W13）。

❖ 圖 W14 1,000 元鈔票背面

水上漁家（圖 W14）。

❖ 圖 W15 2,500 元鈔票正面

水利閘門（圖 W15）。

❖ 圖 W16 2,500 元鈔票背面

噴澆農藥（圖 W16）。

❖ 圖 W17 5,000 元鈔票正面

煉礦場及少婦（圖 W17）。

❖ 圖 W18 5,000 元鈔票背面

傳統市場（圖 W18）。

❖ 圖 W19 10,000 元鈔票正面

中老年人及中央銀行（圖 W19）。

❖ 圖 W20 10,000 元鈔票背面

索橋（圖 W20）。

 火山島國

維德角
Cape Verde

⑤ ⑩ [50] [100]

面積：4,033平方公里
人口：約55萬人(2021年)
首都：普萊亞(Praia)
幣值：埃斯庫多(Escudo)
　　　　1美元≒95E

國旗上畫了十顆星，代表由十個島所組成；星星排成一圈，象徵團結合作；藍色的背景代表蔚藍天空與大海；紅色橫線代表赤道；白色象徵和平。

維德角原來國旗與幾內亞比索十分相似，1992年才改成當今國旗。維德角原屬葡萄牙，葡語是「綠色之地」，人口大多從事農業，但無法自足。

維德角缺乏天然資源，人口也少，所以專攻旅遊業，生活水準居非洲各國前端。

✤ 圖 W21 200 埃斯庫多鈔票正面

此艘船名為大篷車埃爾內提娜 (Palhabote Ernestina, 圖 W21)，許多歐洲航海家必須搭著雙桅帆船出去闖一番天下。首站航行到維德角，這地方是個海島，靠帆船對外交通，所以這艘雙桅帆船具有歷史的重要意義。

✤ 圖 W22 200 埃斯庫多鈔票（新鈔）正面

維德角名作家也是名醫恩里克（圖 W22）。
特謝拉 ・ 德 ・ 蘇薩 (Henrigue Teixeira de Sousa, 1818~2006)。
背景福戈 (Fogo) 島是其故鄉。

❖ 圖 W23 200 埃斯庫多鈔票背面

象徵現代的飛機場微波通訊和機場塔台（圖 W23），進步的通訊，讓國家邁向發展之路，維德角積極發展觀光事業。右下側則是國徽，十顆黃星象徵組成國家的十大島嶼，垂直的金黃色鉛錘代表公正與廉潔，火炬與三角形象徵團結與自由。最右上的玉米，則為傳統食物。

❖ 圖 W24 200 埃斯庫多鈔票（新鈔）背面

福戈島 (Fogo Island, 圖 W24) 的火山（維德角由 10 個島組成，福戈島在南方）。

❖ 圖 W25 500 埃斯庫多正面

葡萄牙藥劑師羅伯特 · 達特 · 席爾瓦(Roberto Duarte Silva, 1837~1889, 圖 W25)。背景的圖案是有機化學分子式。

❖ 圖 W26 500 埃斯庫多背面

在聖安唐島 (Ilha De Santo Antao) 使用之軋糖機（Trapiche, 圖 W26）可將甘蔗榨取糖汁。

✿ 圖 W27 1,000 埃斯庫多（新鈔）正面

維德角音樂家格雷戈里奧 · 瓦茲 (Gregorio Vaz, 圖 W27)。

✿ 圖 W28 1,000 埃斯庫多（新鈔）背面

演奏樂器的姿勢，係 Vaz 開創的 Funana 音樂形式。

❖ 圖 W29 1,000 埃斯庫多正面

出生於維德角的葡萄牙小說家及評論家貢薩爾維斯 (Antonio Aurelio Goncalve, 1901~1984, 圖 W29)。

❖ 圖 W30 1,000 埃斯庫多背面

龍樹 (dragon tree, 圖 W30)，背景是維德角的聖古拉島 (Sao Nicolau island) 美麗風光。

✿ 圖 W31 2,000 埃斯庫多正面

埃烏熱尼奧・塔瓦雷斯 (Eugenio Tavares 1867~1930, 圖 W31）是維德角對文學非常有貢獻的一位詩人，同時也是作曲家，從事新聞工作。他對社會的文學貢獻是不可抹滅的。

✿ 圖 W32 2,000 埃斯庫多背面

Tavares 所著名詩《激情莫爾加 Morna aguada》之片段，譯成英文為：

If I am to live in this misery

Which does not have

The one that wants me

Then I want to die without light

On my cross

它以音樂形式，伴隨柔美緩慢節律，右下有其書寫用的鋼筆（圖 W32）。

✤ 圖 W33 2,000 埃斯庫多（新鈔）正面

維德角名歌手西莎利亞 ・ 艾芙拉 (Cesaria Evora 1947~2011，圖 W33)。

✤ 圖 W34 2,000 埃斯庫多（新鈔）背面

Evora 演奏的小提琴（圖 W34），其代表作 Cise 歌唱形式。

✤ 圖 W35 5,000 埃斯庫多鈔票正面

woman carring stones，婦 女 頭 頂 石 頭（ 圖 W35），代表吃苦耐勞的精神。

✤ 圖 W36 5,000 埃斯庫多鈔票背面

維德角的普拉亞市有葡萄牙 15 世紀殖民時的古城 Fortaleza Real Cidade Velha（圖 W36）是南北大西洋的中繼站，也是黑奴船橫渡大西洋的起點，是歐洲在熱帶地區第一個建築。

古老城門及城前小路印在鈔票上做為歷史見證。2009 年列為聯合國文教組織世界遺產，是維德角第一個入選的。

一鈔一世界

維德角（Cape Verde，中國大陸譯名佛德角）在西非與北大西洋的群島上，由 18 個島組成，地小人寡，1495 年為葡萄牙人殖民，葡人後裔也有傑出表現，1975 年宣布獨立，維德角以農立國，主要農產有玉米、大豆及甘蔗。

首都普拉亞是歐洲、西非、南美船舶補給站，並設有航空站，有殖民初期城市旅遊勝地，也有其他島嶼，風光旖旎令遊人流連忘返。

維德角人吃苦耐勞，加上歷史原因，遠渡重洋，外出工作，致在國外的僑民超過國內現有人口總數。

維德角正在換鈔，新鈔有 200 元、1,000 元及 2,000 元三種，尚有 500 元〔Claridade 澄明文學運動的創始人 Jorge Barbosa（1902~1971）捍衛當地文化及社會思潮。及其故鄉聖地牙哥島 (Santiago) 的風景〕；5,000 元〔維德角第一任總統 Aristides Pereira（1923~2011），及其家鄉博阿維斯塔 (Boavista) 的風景，高聳的煙囪是製陶廠〕，全是紀念該國著名的文化和政治人物，新版鈔票十分斑斕奪目。

500 元及 5,000 元是近期才發行，請讀者鑑賞之！

❧ 500 元鈔票正面

❧ 500 元鈔票背面

❧ 5,000 元鈔票正面

❧ 5,000 元鈔票背面

 多鳥之國

甘比亞
Gambia

⑤ ⑩ 50 100

面積：1.13萬平方公里
人口：約222萬人(2021年)
首都：班竹市(Banjul)
幣值：達拉西(Dalasi)
　　　　1美元≒39.8D

上下二條白線代表甘比亞河兩岸的公路，也象徵純潔、平和，藍色是貫穿該國的甘比亞河；紅色表示太陽；綠色象徵農業。

甘比亞過去是歐洲來此作為奴隸貿易的據點，主要以農業為生，花生是出口作物，人民極度貧窮。

甘比亞全境都是平原和小丘陵，是提供鳥類棲息最佳場所，為賞鳥者之天堂。

甘比亞與海峽二岸均無建交（尚有不丹，馬爾他，科索沃亦同）。

✤ 圖 W37 5 達拉西鈔票正面

非洲翠鳥 (Giant Kingfisher) 及前任總統葉海亞 · 賈梅 (Yahya A. Jammeh, 1965~2017, 圖 W37)。在 1994 年 29 歲時發動改變奪權，擔任總統。2016 年選民以「彈珠」投票方式令其下台。現任總統阿達馬 · 巴羅 (Adama Barrow)，2017 年 1 月就任迄今，已另外發行新鈔。新鈔正面不再有總統人像。

非洲翠鳥又稱大魚狗是一體型大的水鳥，身長近 50 公分，翅膀黑色有白斑點，腳短腿細，喙長似矛，專門用來捕食魚類，它一見魚兒，直入水中獵取。

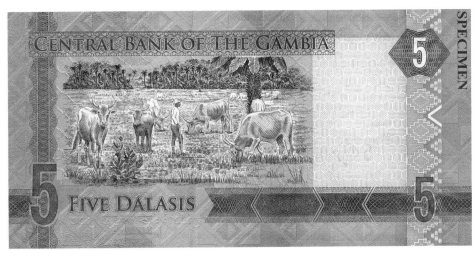

✤ 圖 W38 5 達拉西鈔票背面

甘比亞農夫和放牧情形（圖 W38）。

✤ 圖 W39 10 達拉西鈔票正面

聖鶴 (Sacred Ibis, 圖 W39) 及前任總統葉海亞 ‧ 賈梅（Yahya A. Jammeh, 1965~2017）。
聖鶴有一雙修長的腳和一個向下彎曲的鳥嘴，牠和台灣的黑面琵琶鷺有密切的關係；牠全身除了
尾部和翅膀的頂端是白色外，頭、頸、腿和角都是黑色的。大多居住在非洲大草原潮濕的部份，
主要吃魚類、青蛙及其他水中昆蟲。在古代社會中，聖鶴被當作是神一樣崇拜、信仰。牠們能抑
制害蟲在農作物上滋長，所以現在依然受到尊重。

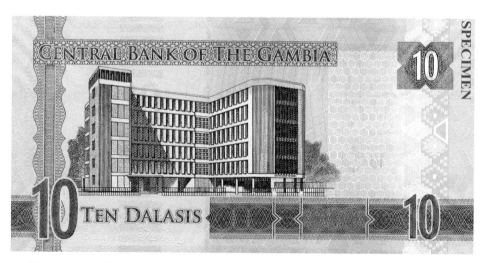

✤ 圖 W40 10 達拉西鈔票背面

位於甘比亞首都班竹市的利比亞中央銀行大樓（圖 W40）。

✤ 圖 W41 20 達拉西鈔票正面

正面為甘比亞前任總統葉海亞 · 賈梅 (Yahya A. Jammeh, 1965~2017) 及赤喉蜂虎 (Red-throated Bee-eater)。

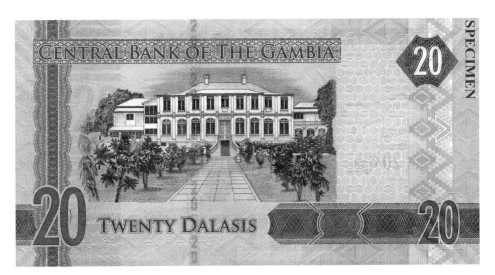

✤ 圖 W42 20 達拉西鈔票背面

在首都班竹 (Banjul) 的總統府（圖 W42，原為英國殖民時的總督府）。

✤ 圖 W43 50 達拉西鈔票正面

勝鳥 (Hoopoe, 圖 W43) 與前任總統葉海亞 ‧ 賈梅 (Yahya A. Jammeh, 1965~2017)。
勝鳥棲息海岸濕地，叫聲「hoopo-hoopo」而得名，成鳥身長約 30 公分，頭上有漂亮的羽冠，
體態輕盈，喜食蜘蛛、蝗蟲、蚯蚓，此鳥亦為以色列國鳥。

✤ 圖 W44 50 達拉西鈔票背面

在瓦蘇 (Wassu) 的石陣，這些岩塊是被甘比亞河段較湍急的地方所沖刷形成的，1,000 多座石陣
(Stone Cireles)，幾乎一樣的圓柱或多邊形立柱，分成四個巨型石陣；Sine Ngayeme、Wanar、
Kerbatch 和 Wassu（圖 W44），遺跡遠在公元前三世紀開始形成，氣勢相當宏偉。

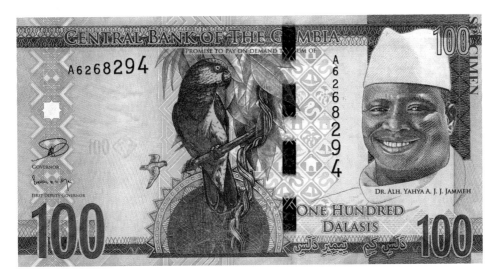

✤ 圖 W45 100 達拉西鈔票正面

塞內加爾鸚鵡 (Senegal Parrot, 圖 W45) 及前任總統葉海亞 · 賈梅 (Yahya A. Jammeh, 1965~2017)。
塞內加爾鸚鵡，牠們的名字是以其產地來命名，分布於非洲幾內亞、塞內加爾、甘比亞，有相當
程度學話能力，身長 23 公分，壽命 20 年；屬於天性較害羞的鸚鵡，活動於開闊草原上。

✤ 圖 W46 100 達拉西鈔票背面

紀念碑（圖 W46），紀念 1994 年政變的 22 拱門 (Arch22 in Banjul)。
這紀念碑主要是紀念葉海亞 · 賈梅（Yahya A. Jammeh，時任中尉軍官）推翻執政達 30 年的
達烏達 · 凱拉巴 · 賈瓦拉 (Dawda Kairaba Jawara) 總統，於 1994 年 7 月 22 日軍事政變成功，
為紀念改朝換代，建立 22 拱門，兩旁的柱子就是羅馬數字 22。甘比亞共和國維持總統制，第二
共和憲法於 1996 年 8 月 8 日經公民投票通過，同年葉海亞 · 賈梅宣誓就職當日起生效；總統
任期五年，無總理，副總統由總統指定。

❖ 圖 W47 200 達拉西鈔
　 票正面

紅寡婦鳥 (Goshawk)，學名
Euplectes orix。甘比亞有溼
地、叢林、有水、有植物、
氣候舒適、吸引許多鳥類來
此繁衍棲息，各國愛鳥人士
來此觀賞。
甘比亞前任總統海亞·賈梅。

❖ 圖 W48 200 達拉西鈔
　 票背面

首都班竹國際機場 (Banjul
International Airport, 圖
W48)。
班竹國際機場是該國唯一的
國際機場。

一鈔
一世界

甘比亞（Gambia，中國大陸譯名岡比亞）位於西非一狹長平原，嵌
入塞內加爾，是非洲之「迷你國」，地勢平坦，曾屬英國統治，1965
年正式獨立，獨立後，賈瓦拉（Jawara）總統長期執政 30 年，在
1994 年 7 月 22 日被推翻政權，新政府實施新經濟政策，由於基礎薄
弱，經濟依賴國外，人口增長快速，又是落後農業國，目前經濟仍十
分困難。

到甘比亞可以參觀岡比亞河畔的「圓形劇場」，欣賞石頭陣的古代遺
跡以及各式各樣的鳥類，甘比亞是多鳥之國，令人嘆為觀止，在每一
張鈔票的正面都有一隻代表性的鳥。甘比亞族群很多，有自己的語
言、習俗，主要有曼丁哥族、富拉族、沃洛夫族、朱拉族和塞拉胡里
族，95% 人口都是穆斯林（回教），不過甘比亞醫療水準不佳，嬰
兒死亡率高，甘比亞人的平均壽命 50 歲不到，真的等不到老！

可可之鄉

迦納
Ghana

⑤ ⑩ 50 100

面積：24萬平方公里

人口：約3,237萬人(2020年)

首都：阿克拉(Accra)

幣值：席迪(Cedi)

1美元≒8.8C

採用「非洲三色」——紅、黃、綠，綠色代表茂密的森林和豐富的農產（其可可產量占全球一半），黃色代表豐富礦藏和自然資源，紅色代表愛國熱情，黑色星星代表非洲的自由之星，人口數與臺灣相近。

1957 年迦納建國，1958 年幾內亞建國，而後 1960 年有十七個國家獨立，被稱為「非洲年」。迦納以前叫「黃金海岸」，主要出口黃金。

✤ 圖 W49 1 塞地鈔票正面

為迦納獨立貢獻的六君子（史稱 Big Six, 圖 W49）。
上排自左至右：
1. 首任總統克瓦米 ‧ 恩克魯瑪 (Kwame Nkrumah, 1909~1972)
2. 參謀總長蘭普帝 (Obetsebi Camptey, 1902~1963)
3. 前外交部長阿塔 (William Ofori Atta, 1910~1988)
下排自左至右：
1. 律師丹夸 (Joseph Boakye Danguah, 1895~1965)
2. 前外交部長阿德杰 (Ebenezer Ako Adjei, 1916~2002)
3. 前總統愛德華 ‧ 阿庫福 ‧ 阿多 (Edward AKufo Addo, 1906~1979)
背景為迦納的獨立門，門上有顆「黑星」，由迦納首創的非洲之星。

✤ 圖 W50 1 塞地鈔票背面

阿克松博水壩 (Akosombo Dam, 圖 W50) 1961 年興建，1965 年完工，在迦納的伏塔河，自 1961 年歷 5 年完工的阿克松博水壩，形成世界數一數二的人工湖，為此 8.5 萬人必須遷離（與三峽大壩相同），大壩發電量供全國使用，尚有餘電賣給鄰國──多哥與貝南，也可用於內陸水運及漁業。

♣ 圖 W51 5 塞地鈔票正面

為迦納獨立貢獻的六君子（史稱 Big Six，圖 W51，說明如圖 W49）。

♣ 圖 W52 5 塞地鈔票背面

遠景為迦納大學 (University of Ghana, 圖 W52)。創立於 1948 年，是迦納共和國最高首府，在非洲排名僅次於南非 9 所，埃及 5 所，是迦納政治家的搖籃，近景圖上為迦納大學圖書館，是一標誌性建築。

✤ 圖 W53 10 塞地鈔票
　 正面

為迦納獨立貢獻的六君子
（史稱 Big Six，圖 W53，說
明如圖 W49）。

✤ 圖 W54 10 塞地鈔票背面

迦納中央銀行（圖 W54）。

✤ 圖 W55 20 塞地鈔票
　 正面

為迦納獨立貢獻的六君子
（史稱 Big Six，圖 W55，說
明如圖 W49）。

❖ 圖 W56 20 塞地鈔票背面

迦納最高法院（圖 W56）。

❖ 圖 W57 50 塞地鈔票正面

為迦納獨立貢獻的六君子（史稱 Big Six，圖 W57，說明如圖 W49）。

❖ 圖 W58 50 塞地鈔票背面

克里斯提城堡 (Christianborg Castle, 圖 W58)。

是葡萄人大航海為貿易所建城堡，亦是販賣奴隸的交易場所。

一鈔
一世界

迦納（Ghana，中國大陸譯名加納）位於西非，15 世紀葡萄人入侵，也建立了城堡，初來迦納時，當地人以黃金交易，故命名「黃金海岸」，19 世紀末淪為英國殖民地，1957 年迦納獨立，是率先脫離殖民統治的非洲國家，以「黑星」為標誌，稱「非洲之星」，第一任總統是帶頭反對英國統治的恩克魯瑪 (Nkrumah)，除他外尚有其他人揭竿而起，史稱 Big Six（在 1 元至 50 元鈔票正面都有其肖像），獨立後，獲得群眾愛戴，然隨著經濟衰敗，盡失民心，最後在 1966 年被推翻。

在目前的迦納紙幣正面都是這六個歷史人物，是鈔票史上最多名人的，背面也大多是政治建築（除 1 元背面是大水壩），但在前一期 500 元背面（圖 W59），有迦納三大支柱—貴金屬、可可、木材盡在一張鈔票上，值得介紹：

1. 黃金仍是迦納重要礦產（世界第 9），儲量更是豐富，尚可開採 700 年以上，另鑽石得天獨厚，居世界第四位。

2. 可可原產地是南美洲，移植迦納後，成為世界最大生產國與外銷國，故有「可可之鄉」之美稱，后冠保持半世紀，近年象牙海岸已超越迦納。

3. 迦納有豐富的林業資源，運用漂流方式運輸原木至塔克拉迪港出口。

❖ 圖 W59 500 塞地鈔票背面

地層奇蹟

幾內亞
Guinea

⑤ ⑩ 50 100

面積：24.6萬平方公里

人口：約1,287萬人(2021年)

首都：柯那克里(Conakry)

幣值：幾內亞法郎(Franc)

　　　1美元≒9,834F

國旗使用非洲色彩紅、黃、綠三色，紅色為非洲太陽及愛國情操，黃色象徵財富及地下資源，綠色代表森林及農業，此三種顏色也分別代表著勞動、正義、團結。

　　幾內亞資源豐富，鋁土占世界儲量60%，鐵鋁氧石占30%，也是非洲三河（塞內加爾河、尼日河、甘比亞河）的發源地，故水利資源豐富，但國民所得仍偏低。

❖ 圖 W60 25 法郎鈔票正面

正面是國徽（圖 W60），盾面上繪有交叉的劍和槍，上方有一隻銜著橄欖葉正要展翅的和平鴿，
下方為國旗上的三色，下面的弧形裝飾表示勞動、正義、團結。
左側為幾內亞的小孩。
右下側為「上幾內亞」人之面具。

❖ 圖 W61 25 法郎鈔票背面

一位正在手工紡織的婦女（圖 W61），背後是遮陽避雨的土坯草屋。
右側是「森林幾內亞」地區巫師在慶典或葬禮佩戴之面具。

✤ 圖 W62 50 法郎鈔票正面

左側是老人像（圖 W62），中為國徽。
右下側為「下幾內亞」人慶典中佩戴之面具。

✤ 圖 W63 50 法郎鈔票背面

傳統之農耕（圖 W63）。
右側是「下幾內亞」水神的面具。

❖ 圖 W64 100 法郎鈔票正面

森林幾內亞年輕少女（圖 W64）。

在非洲，髮型因地域、民族、年齡和職業的不同而有所差異。並代表著他們的審美觀。幾內亞婦女往往先把頭髮編成許多小辮，然後排成各種形狀。緊貼在腦後，或覆蓋在頭頂。

❖ 圖 W65 100 法郎鈔票背面

鈔票上是香蕉收成情景（圖 W65）。

幾內亞是一個盛產熱帶水果的國家，當地居民常常用各式各樣的水果招待客人，並經常舉辦獨具風味的「水果宴」。此外，西非的幾內亞被稱為「香蕉之鄉」，因為這裡的香蕉產量多、品質好，許多國家的市場上都有幾內亞的香蕉出售。每逢收穫季節，幾內亞的人們一日三餐便以香蕉為主。右下側為「下幾內亞」用於婦女葬禮的一種樂器雕刻。

❧ 圖 W66 500 法郎鈔票正面

左側為「上幾內亞」的年輕少婦（圖 W66），中為國徽，右下側為「下幾內亞」婦女在葬禮中使用樂器之木雕。

❧ 圖 67 500 法郎鈔票背面

鈔票上為煉鋁廠（圖 W67）。

幾內亞鋁的含量有 65％，儲存量高占世界三分之二，因此設置用鋁礬土提煉成氧化鋁之工廠。

受主客觀因素，鋁礦提煉尚屬緩慢。

右側為在祭禮習俗舞蹈佩戴之帽子。

✤ 圖 W68 1,000 法郎鈔票正面

左側為「下幾內亞」的青少女（圖 W68），中為國徽，右下側為「下幾內亞」使用的民族樂器
——非洲太鼓。

✤ 圖 W69 1,000 法郎鈔票背面

露天採礦情景（圖 W69）。

幾內亞的天然資源相當豐富，提煉鐵、鋁、鑽石、黃金、鈾等重要的礦產，主要分布在下幾內亞
和中幾內亞地區。幾內亞礦產的特色是，種類多、分布廣、儲量大、開採價值高，鈔票上是露天
鋁礬土的機械化開採。

右側是「森林幾內亞」人在祭禮所佩戴之牛角面具。

✤ 圖 W70 5,000 法郎鈔票正面

左側為「中幾內亞」地區婦女（圖 W70），中為國徽，右下側為繁育女神的雕像。

✤ 圖 W71 5,000 法郎鈔票背面

幾內亞境內的尼日河上游興建 Fomi 水壩（圖 W71），在乾季時發揮功效，以及做為水力發電，滿足農業生產及電力需求。

右側為「森林幾內亞」人在葬禮中戴的面具。

✤ 圖 W72 10,000 法郎鈔票正面

左側是幾內亞的少年（圖 W72），中為國徽，右下角是菠羅和三個貝殼。

✤ 圖 W73 10,000 法郎鈔票背面

幾內亞原野風光（圖 W73），右側有一人形山峰（似野柳之女王頭）。
幾內亞最高峰——寧巴山，1,752 公尺。

✤ 圖 W74 2015 年發行 20,000 法郎鈔票正面

左側是幾內亞的時尚少女與鴿子（圖 W74），中為國徽，右為鴿子剪影。

✤ 圖 W75　2015 年發行 20,000 法郎鈔票背面

幾內亞西部孔庫雷河流域由中國建設的凱樂塔水電站，容量 24 萬千瓦，改善了幾內亞境內供電短缺的現狀，也可嘉惠鄰近國家。

右側為新設立的電線桿。

一鈔
一世界

幾內亞（Guinea，中國大陸譯名相同）位非洲西岸，境內高原是西非主要河川發源，水力豐富，故有西非水塔之稱（註：伊索比亞為東非水塔），其次是熱帶草原，沿海為熱帶季風氣候，故有森林幾內亞、上幾內亞、中幾內亞、下幾內亞之分（在鈔票正面的人物及右下方之木雕，均有此敘述）。森林幾內亞位於東南部，海拔 600 公尺高地，大片熱帶森林。

上幾內亞位於東北部，地勢平坦，以產黃金聞名。

中幾內亞位於中部，是 900 公尺高原，很多河流發源於此。

下幾內亞位於西部，是沿海地區，經濟作物區。

1885 年被列為法國勢力範圍，1958 年宣告獨立，是落後的農業國，農業人口占 65% 以上，作物有香蕉、玉米、小麥、油棕、咖啡，幾內亞地下資源十分豐富，鋁土儲量占世界三分之二，鐵礦純度甚高，還有金、銅、鈾等，被稱「地層奇蹟」。另外，水資源也極為豐富，可發電與灌溉，還有大片原始森林，盛產紅木、黑檀等貴重木森，熱帶雨林約占國土面積 40% 以上。

國家為民生需求電力與中國合作開發的最大水電工程項目——凱樂塔水電站，被視為「總統級的工程」，對於幾內亞的經濟發展有相當大的幫助。

欣賞了幾內亞鈔票，似乎對其人文、地理、自然、物產、景觀做一巡禮，誠所謂「秀才不出門，能知天下事。」

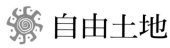

自由土地

賴比瑞亞
Liberia

⑤ ⑩ 50 100

面積：11.1萬平方公里

人口：約521萬人(2020年)

首都：蒙羅維亞(Monrovia)

幣值：賴比瑞亞元(Dollar)

　　　　1美元≒65D

賴比瑞亞是美國解放的黑奴，重返非洲建國，所以國旗也是星條旗。紅色與白色是勇氣與忠誠的象徵，十一條紅白相間的橫線代表簽署賴比瑞亞獨立宣言的十一位傑出人士，左上角藍色正方形代表友愛與正義，白色的五角星則是非洲自由的象徵，也表示賴比瑞亞是當時非洲唯一的黑人獨立國（因美國支持建國，所以未被歐洲列強殖民）。

　　賴國也發生長期內戰，糧食依賴進口，鐵礦及橡膠為重要經濟資源。

❧ 圖 W76 5 元正面

愛德華 · 詹姆斯 · 羅伊 (Edward James Roye, 1815~1872, 圖 W76) 是第五任總統，在任時間為 1870~1871 年。

左側圖像是國徽的基本圖案（在所有鈔票正面都有國徽），由藍天、碧海、綠草三色分割的橢圓形紋徽。淡藍的大海洋面上，航行於海上的一艘大帆船滿載獲得自由的黑奴回到祖先的土地。岸上為綠地和棕櫚樹，象徵這個新獨立國家肥沃的土地；樹下的農具表示農業是賴比瑞亞的基礎。

❧ 圖 W77 5 元背面

婦女在收割穀物（圖 W77）。賴比端亞的耕作方式還以游耕（火耕）為主。

全國 3/4 的人口從事農業生產。主要糧食作物是稻米和木薯，經濟作物有橡膠、可可、咖啡、油棕等。內戰後糧食不能自給，主要依靠糧援。

✤ 圖 W78 10 元正面

約瑟夫 • 詹金斯 • 羅伯茨 (Joseph Jenkins Roberts, 圖 W78)。

Roberts 為美裔賴比瑞亞人，是賴比瑞亞第一任的總統，任期 1848~1856 年（連任）。1841 年時，
美裔賴比瑞亞人決心要成為賴比瑞亞統治階級，美裔的 Roberts 擔任末任總督，Roberts 出生美
國維吉尼亞州，在美經商，擔任民兵軍官，1839 年任賴比瑞亞副總督，1847 年時宣布其國家為
一個獨立的共和國，獨立之初，深受門羅總統影響，採閉關自守政策，擁有自己的憲法和國旗。

✤ 圖 W79 10 元背面

鈔票上是橡膠採集的情景（圖 W79）。

橡膠的開採和生產是賴比瑞亞國民經濟的重要支柱，主要出口給歐洲國家、美國和中國，在當地
種植加工並出口橡膠，已超過百年歷史。

❖ 圖 W80 20 元正面

第 18 任總統威廉・沙德拉・杜布曼 (Willian Shadrech Tubman, 圖 W80)，連任四屆（ 1 9 4 4 ～ 1971 年)。

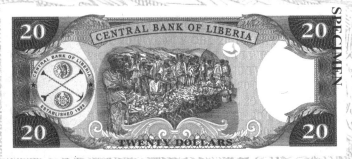

❖ 圖 W81 20 元背面

農產品、手工藝品叫賣之市集（圖 W81）。

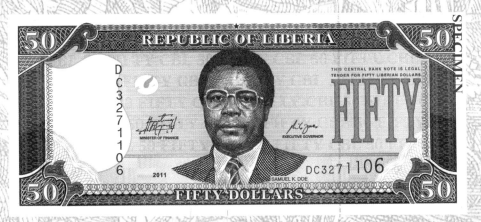

❖ 圖 W82 50 元正面

塞繆爾・卡尼翁・多依 (Samuel Kanyon Doe, 1952~1990, 圖 W82)。

他出生在賴比瑞亞東南的 Tuzon（圖宗鎮）。他的父母像多數農村賴比瑞亞人是貧窮和無知的，並且他們屬於 Krahn（克蘭）部落，年輕時從軍，最後官拜武裝部隊司令，1980 年發起政變，推翻前朝（即圖 W84 的人物）。他擔任賴比瑞亞的總統，任期從 1980~1990 年，成為第一位土著執政的總統，1990 年 9 月在泰勒 (Tayor) 領導的政變中被槍殺。

❀圖 W83 50 元 背面

收成棕櫚果的情景（圖 W83）。

棕櫚樹是常綠小喬木，株高 3~8 公尺，包以暗褐色葉鞘。棕櫚樹為熱帶國家代表性植物（一般棕櫚生長在赤道上下五度，一年收成四次）。

❀圖 W84 100 元正面

威廉 · 理查 · 托爾伯特 (William Richard Tolbert, 1913~1980，圖 W84)。
賴比瑞亞 1971~1980 年間的總統。他在 1951~1971 年擔任副總統，1971 年接下總統的職務，美國黑人後裔，第二十任總統，改革貧富差距及經濟任務失敗，全國罷工，在 1980 年的軍事政變被多依（圖 W82）殺害。

❀圖 W85 100 元背面

賴比瑞亞當地集貿市場（圖 W85），經營布料生意的婦女和小孩居家生活。

一鈔
一世界

賴比瑞亞（Liberia，中國大陸譯名利比里亞）位於非洲西部，美國南北戰爭後解放黑人來此建國。年富力壯的黑奴，遠離非洲禁錮異域，牛馬不如，代代渴望有一日回到故土，逍遙自在，有部「根」(Roots) 的小說描繪淋漓盡致，並改編電影，經於回到孕育的原野家鄉，1847 年成為獨立的國家，是非洲最早的獨立共和國，與美國之間密切聯繫，歷任總統大多來自美國黑人後裔，賴比瑞亞長時間的內戰，經濟幾乎崩潰，幾任總統因之死於非命（圖 W82 及 W84）。受美國影響，大小金額紙鈔一樣尺寸。

賴比瑞亞有四分之三的人從事農業，稻米是最重要糧食作物，此外，森林覆蓋近六成，盛產橡膠、棕櫚及紅木等。

還有鑽石、黃金、鋁、銅、鉛、錳等礦石，政府與反抗軍積極爭奪「血鑽石」，橡膠曾是外銷第一位，為美國火石 (Firestone) 橡膠公司所獨占。

賴比瑞亞主要都市有：蒙羅維亞〔首都，紀念美國總統蒙羅 (James Monroe, 1758~1831)〕、布坎南、哈貝爾，有現代化繁華商業區，但有更多典型市集聚落，貧富差距大。

19 世紀時，美國殖民協會協助數以萬計獲得解放的非洲黑奴（南北戰爭後解放黑奴），從美國移居於此，乃稱此為 Liberia（賴比瑞亞）及「自由的土地」，此國為美國催生，故與美國關係匪淺，「不看人面，也看佛面」，故從沒受歐洲列強殖民，另一個是伊索比亞，因自古為基督教國家，與歐洲各國信仰相同，血濃於水，故逃過被殖民浩劫。

多伊 Doe（首任土著總統，圖 W82）在 1990 年為泰勒 (Tayor) 政變所殺害，泰勒也是美國黑人後裔，透過內戰掌權，1997~2003 年擔任第 22 任總統，運用高壓統治，2001 曾來台訪問，台灣對該國金援，盡入私庫，因支持獅子山內戰掠奪「血鑽石」賺取軍火，2003 年被推翻，亡命天涯，2006 年落網，國際法庭判刑 50 年。

 沙漠之國

茅利塔尼亞
Mauritania

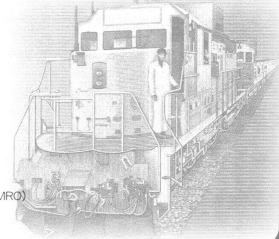

⑤ ⑩ 50 100

面積：103萬平方公里
人口：約476萬人(2021年)
首都：諾克少(Nouakchott)
幣值：烏吉亞
　　　　(Mauritanian Ougiya, MRO)
　　　　1美元≒36.51MRO

星星與弦月是回教的象徵，表示本國伊斯蘭教徒的幸福，也代表著繁榮和幸運。綠色代表要將沙漠綠化的決心，綠色也是回教徒的顏色，黃色則象徵回教的光明，黃、綠兩色也是非洲之代表色。

　　茅利塔尼亞位於西北非，大多數人民仍以游牧為主，農業資源有限，海岸線是漁場，礦業以鐵礦砂為主，人民生活水準低，被列入不發達國家之一。

✤ 圖 W86 100 烏吉亞正面

用阿拉伯文寫成的面額（圖 W86），因為他們信奉伊斯蘭教，所以他們不崇拜偶像，因此鈔票上都沒有人物，而以伊斯蘭紋飾圖案出現。

✤ 圖 W87 100 烏吉亞背面

左側為傳統樂器（九弦琴、板胡，圖 W87），中間是牛及世界文化遺產（1996 年列入）——欣蓋提 (Chinguetti) 遺址，它是「馬之泉」之意，建於 11~12 世紀，曾是宗教、文化及貿易中心，18~19 世紀由於乾旱、疾疫、戰爭而毀滅。

❖ 圖 W88 200 烏吉亞正面

用阿拉伯文寫成的面額（圖 W88，說明如圖 W86 所述）。

❖ 圖 W89 200 烏吉亞背面

左側圖像是當地的生活用具──缽（盛奶容器，圖 W89）
中間圖像為獨木舟（漁業）及汲水用具（農業）。
茅利塔尼亞在西南邊境有條塞內加爾河，可以航運及灌溉。

❧ 圖 W90 500 烏吉亞正面

用阿拉伯文寫成的面額（圖 W90，說明如圖 W86 所述）。

❧ 圖 W91 500 烏吉亞背面

左側為茅利塔尼亞人耕作水稻（圖 W91），推廣農業，及中間為開掘鐵礦發展礦業。農礦為國家產業支柱。

❖ 圖 W92 1,000 烏吉亞正面

用阿拉伯文寫成的面額（圖 W92，說明如圖 W86 所述）。

❖ 圖 W93 1,000 烏吉亞背面

左側圖像是魚網和魚（圖 W93），近年來漁業已成為最大的經濟來源。
中間圖像為茅利塔尼亞百分之八十的人過著游牧或半游牧的生活，在此可看到駱駝、民居及古老清真寺。

❧ 圖 W94 2,000 烏吉亞正面

用阿拉伯文寫成的面額（圖 W94，說明如圖 W86 所述）。

❧ 圖 W95 2,000 烏吉亞背面

第二大都市努瓦迪布 (Nouadhibou)，也是最大港口，可看到輪船及碼頭。

正上方為可蘭經。

左側有駱駝，國土在撒哈拉沙漠南端，沙漠占三分之二面積，素有「沙漠之國」稱號。

✤ 圖 W96 5,000
烏吉亞正面

與前幾張鈔票不同，
背景出現首都努瓦克
肖特 (Nouakchott) 的
伊本・阿巴斯清真
寺 (Ibn Abbas
Mosgue, 圖 W96)。

✤ 圖 W97 5,000
烏吉亞背面

首都也是第二大港，
由柴油火車載滿鐵礦
石 準 備 出 口（ 圖
W97）。
左側為航空塔台。
此張鈔票顯示茅利塔
尼亞陸海空之發展。

一鈔
一世界

茅利塔尼亞（Mauritania，中國大陸譯名毛里塔尼西）位於撒哈拉沙
漠西部，全國有三分之二是沙漠，故有「沙漠之國」之稱，7 世紀阿
拉伯人進入，伊斯蘭教融入當地民情風俗，1912 年淪為法國殖民地，
1960 年宣布獨立，該國以農牧為主，基礎薄弱，海域是西非重要漁
場，魚源豐富，也是赤鐵礦著名產地。

首都努瓦克肖特位國土南部，設有國際航空港，也是第二大港，有一
條具特色的運鐵鐵路，專門運送鐵礦或鐵件加工品，在國際市場受到
歡迎。

此套茅利塔尼亞鈔票採用 Hybrid 材質，係聚脂與棉質纖維結合，更
可防偽，亦易凹版印刷功能，長期保持「如新」、「乾淨」，大大提
升使用年限。

 非洲巨人

奈及利亞
Nigerian

⑤ ⑩ 50 100

面積：92.4萬平方公里

人口：約1億909萬人
（2021年）
（非洲第1，全球第7）

首都：阿布加(Abuja)

幣值：奈拉(Naira)
1美元≒225N

奈及利亞的國旗是在獨立前由留學生阿金昆米
設計而成的，兩色三直條等分，表示由三個
地區組成。綠色象徵茂盛的森林及豐盛農產品，白
色象徵和平。

奈及利亞石油居非洲之冠，有「非洲石油巨
人」之稱，但各部落常有糾紛，加上軍事政變頻繁，
政局長期動盪不安，以致教育及醫療體系開倒車，
國民所得極低。全國有近二億人，是非洲大國（非
洲第一，世界第七，預估 2050 年會上升為世界第
三）。

✤ 圖 W98 5 奈拉正面

阿布巴卡爾 · 塔法瓦 · 巴勒瓦 (Abubakar Tafawa Balewa, 1912~1966, 圖 W98)。
阿布巴卡爾是是奈及利亞獨立的第一位首相，他也是一位國際政治家，廣受尊重，他鼓勵領導者
將非洲大陸整合成非洲統一組織。

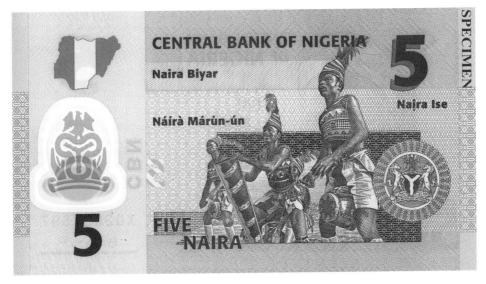

✤ 圖 W99 5 奈拉背面

奈及利亞南部部落傳統的舞蹈和鼓聲樂（圖 W99）。每逢節慶、婚喪、祭祀，人民總是擊鼓，
同時載歌載舞，它已成日常生活和文化組成的重要成份，左上是國旗（每張鈔票背面均有國旗）。

❖ 圖 W100 10 奈拉正面

阿爾邁 · 伊科庫 (Alvan Ikoku, 1900~1971, 圖 W100)。

Alvan Ikoku 於 1990 年 8 月 1 日在一個有錢的商人家庭出生，他是一位政治家和教育家（在哲學方面頗有研究）。他曾經服務於奈及利亞會議院 (Eastern Nigeria House Of Assembly) 和哥拉斯的立法會議 (Legislative Council in Lagos)。

❖ 圖 W101 10 奈拉背面

奈及利亞游牧的富拉尼族（Fulani）傳統婦女，以頭頂工夫搬運牛奶（圖 W101）。

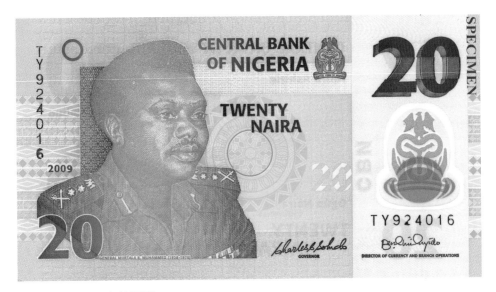

✤ 圖 W102 20 奈拉正面

穆塔拉 · 拉馬特 · 穆罕默德 (Murtala Ramat Muhammad, 1938~1976, 圖 W102)。

穆罕默德將軍是豪薩人 (Hausa)。1975 年穆罕默德將軍承諾全國各階層進行全面改革，做好有系統的回歸文人控制。在其總統任期中一個重大措施──遷都〔由拉哥斯 (Lagos) 遷至拉布札 (Abuja)〕，並開發石油使經濟成長，收入增加，迄今人民仍十分懷念他。

穆罕默德將軍的改革與承諾，招致軍中強大的少數團體的反對，並於 1976 年 2 月 13 日企圖推翻新政府。政變雖然失敗，穆罕默德將軍卻在拉哥斯遭到暗殺。

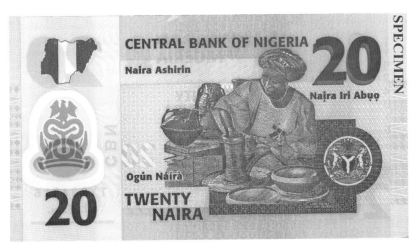

✤ 圖 W103 20 奈拉背面

奈及利亞著名國寶陶藝家雷迪 · 誇利 (Ladi kwali, 1925~1983, 圖 W103)。

✤ 圖 W104 50 奈拉正面

描述四位奈及利亞人著名服裝（圖 W104），三個男人及一位婦女被刻記的畫像。

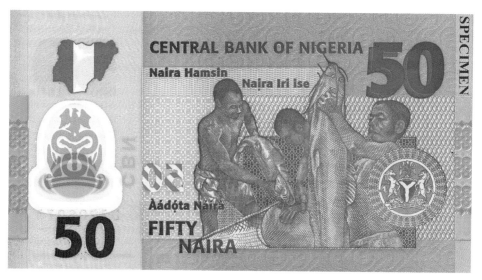

✤ 圖 W105 50 奈拉背面

奈及利亞面臨幾內亞灣，並有尼日河流經全境出海，其中有肥大之鯰魚，漁民滿載而歸（圖 W105）。

✤ 圖 W106 100 奈拉正面

奧巴費米 · 阿沃洛沃 (Obafemi Awolowo, 1909~1987, 圖 W106)。

奈及利亞的獨立運動領袖。生於奈及利亞西南部耶布芮莫一農家，於伊肯內 (Ikenne) 和阿貝奧庫塔 (Abeokuta) 教會學校受教，並於伊巴丹 (Ibadan) 的衛斯理學院接受師範教育。後任報社記者，再任商會發起人，於奈及利亞青年運動中極為活躍，被任命為西部地區政府總理。

✤ 圖 W107 100 奈拉背面

位於首都阿布札 (Abuja) 的祖馬岩石 (Zuma Rock, 圖 W107)，高 725 公尺的巨石，遠看似非洲象，近看像人臉，深信護佑著人民，被視為「阿布札之寶」，被選為非洲七大奇景。

❀ 圖 W108 200 奈拉正面

阿馬杜 · 貝洛 (Ahmadu Bello, 1909~1966, 圖 W108)。

1949 年奈及利亞的北部成立了北部人民大會 (Northern People's Congress, NPC)，起初是一個文化聯盟。1951 年北部人民大會轉變為一個政黨，第一任總理由索可托 (Sokoto) 的大酋長貝洛 (Ahmadu Bello) 領導。1966 年 1 月 14 日星期五的傍晚，貝洛於一場軍事政變被殺害。

❀ 圖 W109 200 奈拉背面

鈔票上是奈及利亞的農業狀況（圖 W109）。

奈及利亞是以一個農業為主的國家，在 60 年代的時候，奈及利亞出口大量的花生、花生油、棕櫚油、橡膠、棉花、木材、水果等，在世界上居領先地位。但是在 70 年代的時候，由於石油工業的崛起，農業被忽視，糧食生產下降，農業產值在國民生產總值中的比例下降趨勢越來越嚴重。到 90 年代初，只剩棕櫚和橡膠可供出口。

✤ 圖 W110 500 奈拉正面

納姆迪・阿吉基威 (Nnamdi Azikiwe, 1904~1996, 圖 W110)。

他在奈及利亞和美國接受教育。1942 年時，阿吉基威成立了奈及利亞重建團體 (Nigerian Recon Struction Group)；1960 年獨立時出任首任總統，1966 年軍事政變被放逐。1996 年過世，在非洲算是極為高壽。

✤ 圖 W111 500 奈拉背面

近海鑽井平台 (Offshore Oil Rig, 圖 W111)。

在 70 年代的時候，奈及利亞的石油工業崛起，成為非洲撒哈拉以南地區的第一大產油國。如今已發現的石油儲量居世界第九，已發現的天然氣儲量居世界第五、非洲第一，石油工業成為國民經濟的一大支柱。奈及利亞石油生產的特性是：油田比較小，油井多。離地面較淺的油層含有大量石油，油質優良，開採方便，成本低廉。

✦ 圖 W112 1,000 奈拉正面

左為中央銀行第一任行長阿利尤 ・ 梅 ・ 博爾努 (Aliyu Mai Bornu, 圖 W112)

右為中央銀行第二任行長克萊芒 ・ 伊松 (Clement Isong)

✦ 圖 W113 1,000 奈拉背面

中央銀行（圖 W113），發行法定貨幣並確保物價之穩定。

一鈔
一世界

奈及利亞（Nigeria，中國大陸譯名尼日利亞）位西非東南部，海岸線很長，內有西非最大河流——尼日河，流過境內出海有利漁業，經濟上以農立國，棉花、花生在世界居領先地位，70年代成為非洲以南最大產油國，是國家經濟支柱，但成單一經濟結構（石油出口占九成以上）。

奈及利亞原是文明古國，人口非洲最多，民族繁多有250個部落，70年代成為英國殖民地，1960年10月宣布獨立，獨立後多次發生軍事政變，長期由軍人執政。

奈及利亞正在更換新鈔有5元、10元、20元、50元都是塑膠鈔，與舊鈔內容大同小異，而100元、200元、500元、1,000元尚未出新鈔，塑膠鈔票有使用期限長，不易偽造，少沾細菌等優點，製作成本高是缺點。

奈及利亞先後受到葡萄牙、荷蘭、法國、英國入侵，1914年成為英國殖民地，2014年發行百元的100年紀念鈔，正面保持流通版人物（圖W114），背面有5名人民身穿民族服裝表演傳統舞蹈（圖W115）。

✽圖 W114
100 奈拉
正面

✽圖 W115
100 奈拉
背面

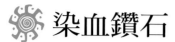 染血鑽石

獅子山
Sierra Leone

5　10　50　100

面積：7.2萬平方公里
人口：約798萬人(2020年)
首都：自由城(Freetown)
幣值：里歐（(Leone)
　　　　1美元≒2,300L

綠色是農業和大地，白色代表正義與和平，藍色代表大西洋。

甘比亞過去是歐洲來此作為奴隸貿易的據點，主要以農業為生，花生是出口作物，人民極度貧窮。

獅子山位於西非，經濟落後，嚴重通貨膨脹，外債居高不下，人民平均壽命不到四十歲，國民所得世界倒數，主要礦產有鑽石、鋁、鈦等，因內戰而未充分開發。獅子山之得名，係十五世紀葡萄牙探險家在此地雷雨中聽到巨響，認為獅子在吼叫，故取名為獅子山。

❖ 圖 W116 500 利昂正面

英雄人物卡伊 ‧ 隆多 (Kia Londo, 1845~1896, 圖 W116)。

Kia Londo 是一名勇士，在 1880 年代間擊敗了所有侵略者，並建立了新首都 Kailahun。但在 1896 年大戰勝利不久後，他卻死於一場疾病。誠如諸葛亮的「出師未捷身先死」。

背景為政府辦公大樓。

❖ 圖 W117 500 利昂背面

首都自由城港 (Freetown Harbour) 的漁船隊（圖 W117 ）；由於地理位置面臨大西洋，讓這個極度貧窮的國家還可以依賴漁業維持生活，因此漁船是相當重要的。

❖ 圖 W118 1,000 利昂正面

英雄人物巴伊 · 布雷赫 (Bai Bureh, 1840~1908, 圖 W118)。中上有國徽，中下有木雕。
Bai Bureh 是抗英英雄，也是一名偉大的統治者和軍事專家，帶領 TEMNE 族群在 1898 年對抗英國。
中間有國徽及木雕。

❖ 圖 W119 1,000 利昂背面

衛星接收天線（圖 W119），與世界資訊接軌。

DE LA RUE

✤ 圖 W120 2,000 利昂正面

華第士 ‧ 約翰森 (Wallace Johnson, 1894~1965, 圖 W120) 是政治民族主義者，成立勞動黨，曾被捕下獄，圖左側是船舶及碼頭倉庫。

✤ 圖 W121 2,000 利昂背面

中央銀行（圖 W121），當地的現代化建築。

✤ 圖 W122 5,000 利昂正面

約瑟夫 • 辛克 (Joseph Cingue, 1819~1879, 圖 W122)，又名森貝 • 皮 (Sengbe Pieh)。
Sengbe Pieh 是位勇士，1839 年被載著 53 名黑奴的阿米塔德號 (Amistad) 販賣至美洲，在航行中遇上暴風雨，黑奴首領 Sengbe Pieh 帶頭造反，他抵制了奴隸制度，使得他在獅子山有很高的地位，令人敬仰。電影就是描述此真人真事。
中上有鑽石圖形，代表蘊藏鑽石礦產。
中下有獅子山有名的福拉灣學院，人稱「西非雅典」，及當區學術搖籃。

✤ 圖 W123 5,000 利昂背面

本布納水壩 (Bumbuna Dam, 圖 W123)。
Bumbuna 水壩供應所有獅子山的電力，從 1975 年開始。水壩附近有高層飯店，可以讓人觀賞水壩的壯麗。

✤ 圖 W124 10,000 利昂正面

和平鴿、地圖跟國旗（圖 W124）。

此為獅子山國家的國旗，綠色代表農業，也代表國家的自然資源和山脈，主要地形是丘陵，白色是國家的統一和人民對正義的追求，因此國旗上停有一隻展翅飛翔的鴿子，鴿身之後有該國版圖，藍色象徵海洋和希望，希望獅子山對世界做出貢獻。

✤ 圖 W125 10,000 利昂背面

木棉樹和國徽（圖 W125）。

在首都自由城市中心有一棵超過 500 年的木棉老樹（圖 W125），樹的面積上千平方公尺，被視為國寶也是國樹，左右側各有小小的鴿子，銜著橄欖葉，與正面圖像相互輝映，左側為國徽。中心圖案為盾徽。盾面上的獅子象徵獅子山與英國的聯繫。背景的綠色象徵農業和豐富的自然資源；鋸齒形圖案象徵山脈；下面的藍、白波紋象徵海岸線和天然良港；上面的三把火炬象徵獅子山在西非發展教育中所起的作用，火炬是啟蒙和知識的象徵。盾徽兩側各有一棵棕櫚樹，是農業財富的另一象徵。盾徽兩旁各有一隻獅子，底部的帶子上用英文寫著「團結、自由、正義」。

獅子山（Sierra Leone，中國大陸譯名塞拉利昂）位非洲西海岸，是西非最多雨的國家之一，利於興建水壩灌溉發電。

1896 年成為英國殖民地，不斷有人民群起反抗，1961 年 4 月才宣布獨立。獨立後，年年政局不穩，內戰不息，人民渴望著和平到來。

17 世紀以來，英、法、荷殖民者在現在的自由城 (Freetown) 販賣奴隸，後來在 18 世紀有幾批被釋放的黑奴移居至此，故命名自由城，現已成獅子山第一大城，亦是首都，它面對大海，適合船舶航運及漁產，市內現代化建築如政府大樓、中央銀行、大學，及進步的通訊設備，尚有 500 年的國寶老樹，此地景色秀美，氣候溫和，是休養、旅遊的好地方。

1997 年有一部由名導演史蒂芬 · 史匹柏拍攝電影《Amistad》，中文片名《勇者不懼》，這部電影從一名叫辛克 (Cingue, 圖 W122) 的非洲人開始，1839 年連他共 53 名黑奴乘坐奴船「Amistad」，西班牙語就是「友誼」，也是電影原來的片名，他在狂風暴雨的黑夜中，領導叛變，解放其他黑奴，也殺了多數船員，叛變的黑奴強迫船長帶他們回非洲，船長欺騙他們開航美國，終於被美國軍艦攔下，53 名黑奴以謀殺船員罪名接受審判，當時美國第八任總統馬丁 · 范 · 布倫 (Martin Van Buren)，為討好南方保守勢力，指令法官做出不利判決（也是政治關說），但最高法院捍衛司法獨立，對受審的黑奴來說，和政治理念無關，他們爭取的是天賦人權──自由，於是獲判無罪，這起法律案件，深深影響美國後來的南北戰爭，辛克勇者無懼而赫赫有名。

第三篇 中部非洲
Middle Africa

- 在地理上的習慣區分，中部非洲（依英文字母排序）有：加彭(Cabon)、喀麥隆(Camernoon)、中非(Central African)、查德(Chad)、剛果(Congo)、剛果民主國(Democratic Congo)、赤道幾內亞(Eguatorial Guinea)、聖多美及普林西比(St.Thomas and Prince)共八國，除聖多美及普林西比、民主剛果自己發行鈔票，其餘六國使用共用貨幣──中非法郎(XAF)。

- 由於赤道穿過「中部非洲」，這些國家終年炎熱，氣勢磅礴的剛果河蜿蜒流過剛果雨林，此雨林僅次於南美的亞馬遜森林，盛產名貴木材及棲息各式哺乳動物及各樣鳥類，也有矮小人種生活在莽莽林海之中，在鈔票上可見識這些人種及物種，也種植很多可可、咖啡、棕櫚、橡膠等以及地下資源（石油、鑽石、銅、鈾等）的開挖，分散在各紙幣上，本區北部則為炎熱的沙漠地帶，鈔票上也見到駱駝。

- 中部非洲人擅長木雕，如加彭的木雕造型誇張奇特，帶有濃郁熱帶風情，喀麥隆在舞蹈上戴木製面具，手工精美，特別在民主剛果鈔票上大量出現雕刻。

- 歐洲人在十五世紀就在此區從事奴隸販賣，十九世紀末成為殖民地──中非、加彭、剛果、查德（法屬），民主剛果（比屬），喀麥隆（德屬），聖多美及普林西比（葡屬），赤道幾內亞（西屬）。直到1960年才獲得獨立，可在鈔票上看到為爭取建國的民族英雄，除少數國度，大部份仍為貧窮與獨裁所苦。

綠金之國
加彭
Cabonese

面積：26.8萬平方公里
人口：約227萬人(2021年)
首都：自由市(Cibreville)
幣值：法郎(AF) 1美元≒586AF

國旗用綠、黃、藍三色。綠色象徵熱帶雨林，黃色象徵赤道及礦產（鈾、錳），藍色展現了加彭西側大西洋及水資源。亦有人說這面國旗的設計靈感，來自史懷哲所著的《水與原始林之間》一書。加彭是非洲富裕國家之一。

中非糧倉
喀麥隆
Cameroon

面積：47.5萬平方公里
人口：約2,654萬人(2020年)
首都：雅溫德(Yaounde)
幣值：法郎（AF）1美元≒586AF

國旗也採用紅、黃、綠非洲三顏色，綠色代表人民對幸福的期望及欣欣農業，黃色象徵希望，也代表礦產資源，紅色則是統一及熱情。以前喀麥隆的國旗是在左邊的綠色中有兩顆黃星，代表東、西喀麥隆（分屬英、法）。
1975年改為中央一顆星，表示團結。喀麥隆以農林為主，也有礦產，水利資源豐富，自然條件還算優越。

圖騰信仰
中非
Central African

面積：62.3萬平方公里
人口：約535萬人(2021年)
首都：班基（(Bangui)
幣值：法郎（AF）1美元≒586AF

這面五彩國旗既包括非洲色彩，也包含法國國旗的三色，融合非洲本土及宗主國，左上角黃色五角星代表獨立和統一。藍、白、紅三色是和平與犧牲，綠色代表叢林，黃色代表大草原和撒哈拉沙漠，紅色貫穿四色，有協力團結的意味。
中非的經濟支柱是鑽石、咖啡、棉花、木材，沒有什麼工業基礎，人民甚為貧窮，必須接受外援。

死亡之心
查德
Chad

面積：128.4萬平方公里
人口：約1,690萬人(2020年)
首都：恩加美納（N'Djamena）
幣值：法郎（AF）1美元≒586AF

由於曾受法國統治，因此顏色用與法國國旗藍、白、紅相近的藍、黃、紅三色，反映出法國文化對查德的影響。藍色象徵天空和希望，黃色代表太陽和撒哈拉沙漠，紅色象徵進步與團結，與羅馬尼亞國旗完全相同。

查德以農牧為主，工業不發達，經濟落後，而且獨立後，政變頻傳，局勢不穩。境內大部分是沙漠氣候，故被稱為「非洲死亡之心」。

木材之國
剛果
Congo

面積：34.2萬平方公里
人口：約530萬人(2020年)
首都：布拉薩（Brazzaville）
幣值：法郎（AF）1美元≒586AF

採用非洲三色，使用斜線表達非洲覺醒及改變！綠色象徵自然與和平，黃色象徵豐富的資源，紅色象徵革命的鮮血與人民的愛國。

剛果匹美人 (Pygmites) 一般身高 1.35 公尺，是世界的小矮人。為與剛果民主共和國區別，國際上的首都置於前稱之「布拉薩剛果」。

香蕉王國
赤道幾內亞
Equatorial Guinea

面積：2.8萬平方公里
人口：約85萬人(2015年)
首都：馬拉博(Malabo)
幣值：法郎(AF) 1美元≒586AF

綠色是農業與大地，象徵財富，白色代表寧靜與平和，紅色為獨立而奮鬥的鮮血，藍色代表大西洋。國徽中的樹是赤道幾內亞的紅木，林木參天，根部盤錯，牢不可拔，象徵國家固若磐石。上方六顆星代表組成國家的六個地區，下方的緞帶上用西班牙文寫著：「統一、和平、正義」，是非洲唯一有文字的國旗。

赤道幾內亞有廣闊的熱帶雨林，人民習於農作，經濟極不發達，政局亦很不穩定。

❖ 圖 M1 500 法郎正面

右側為中非男童半身像（圖 M1）。

中間為上課的小學生，因過去都是法國殖民地，所以都是法文書寫（境內種族繁多，語言複雜，既無文字、缺乏字彙、表達能力有限，將歐洲語言做為自己語言），中非國家查德文盲人口高達六成之多。

❖ 圖 M2 500 法郎背面

中非農村的婦女及居住的茅屋（圖 M2），茅草屋及泥牆是中非村落特色，最特別是查德牆壁用泥糊塑成弧形屋頂，又稱「蛋形屋」。

✤ 圖 M3 1,000 法郎正面

右側為中非年輕男性之半身像（圖 M3）。

中間為起重機裝卸原木，中非的剛果河流域是世界第二大熱帶雨林（次於亞馬遜），有豐富林產品，主要有烏木、檀香等名貴木材，人稱「世上最珍貴的森林」，又加彭有「綠金之國」美稱。

✤ 圖 M4 1,000 法郎背面

用農耕機耕田，農民在田間做農事（圖 M4）。

左側為耕牛。

多數人藉由農耕勉強餬口，澱粉之根莖、蔬菜、樹薯是主要糧食作物，其中查德因湖水受氣候影響而乾涸，造成生計問題。

赤道幾內亞由五座島嶼組成，土地肥沃適宜種植，主要栽種可可，喀麥隆農業自給自足，生產咖啡、棕櫚及香蕉，有「非洲糧倉」之稱。

✿ 圖 M5 2,000 法郎正面

右側為中非年輕女性半身像（圖 M5）。
中間為用剛果河修建水壩之水庫全景，可發電及灌溉，其水利資源約占世界水力資源 3%。

✿ 圖 M6 2,000 法郎背面

起重機及大型卡車在礦場裝運礦石（圖 M6），喀麥隆除石油外，有鋁土、鐵、金等天然資源。
加彭是世界錳礦最大生產國，也有大量的鈾和鐵，查德礦產豐富，有石灰石、陶土、鎢、錫、銅，
中非礦產主要是鑽石，分布很廣。

✤ 圖 M7 5,000 法郎正面

右側為中非成年男性半身像（圖 M7）。

中間為碼頭及船舶，由於剛果河上、下游切穿高原，形成瀑布，不利航行，在中非地段的剛果河水運發達，而喀麥隆、加彭、中非也有大西洋之航線，赤道幾內亞首都馬拉波為深水良港。

✤ 圖 M8 5,000 法郎背面

現代化的煉油廠（圖 M8），在喀麥隆、加彭、查德和剛果發現石油，獲利不少。尤其喀麥隆及剛果成為非洲比較富有的國家，而加彭因政治不安，人民十分窮困。

❖ 圖 M9 10,000 法郎正面

右側為中非成年女性半身像（圖 M9）。
中間為位於喀麥隆首都雅溫德的中非國家銀行總部大廈。

❖ 圖 M10 10,000 法郎背面

電器火車、飛機及衛星天線（圖 M10），代表中非對外的交通。
在剛果河上、下游因切穿高原，形成巨大瀑布使內陸船隻無法直通海洋，故於金夏沙至馬塔迪之
間興建鐵路，以接銜內陸與海上交通。

一鈔一世界

原先中非各國都有其鈔票，如圖 M11 喀麥隆的 1,000 元，其上有總統及各區域的主要產物；圖 M12 加彭 500 元，其上有少女倩影及熱帶雨林伐木情景。

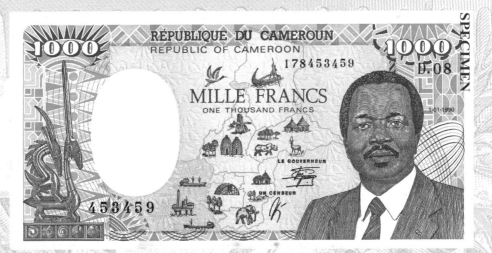

❧ 圖 M11 喀麥隆 1,000 元正面

❧ 圖 M12 加彭 500 元正面

1973 年 4 月 1 日在中非地區，原屬法國殖民的喀麥隆、查德、剛果、加彭、中非及赤道幾內亞六個成員國組成中非貨幣聯盟，發行「中非法郎 XAF」，中非國家銀行設在喀麥隆首都雅溫德。喀麥隆在中非地區屬於比較安定、進步的國度。

中非法郎之鈔票是六國共同貨幣，所以就沒放任何一國之名人，改放青少年之男女（中非人種，身高普遍矮小，種族複雜，語言繁多）。此外，都是當地產業（農、林、礦）及各項建設（教育、交通、金融、水利）。

前版之中非法郎，其鈔票色澤十分豐富，賞心悅目，圖案重點與現行版本出入不大，簡介於下：

❀ 圖 M13 500 元舊鈔正面

中非的畜牧（圖 M13）。

❀ 圖 M14 500 元舊鈔背面

木棉樹及羚羊群（圖 M14）。

❖ 圖 M15 1,000 元舊鈔正面

中非青年及農民在採收咖啡豆（圖 M15），臉上露出滿足的微笑，咖啡是主要出口品之一。

❖ 圖 M16 1,000 元舊鈔背面

地處熱帶雨林，伐木業興盛，砍下來的樹木，搬運至卡車上再水運原木（圖 M16），木材也是出口品之一。

❀ 圖 M17 2,000 元舊鈔正面

中非少女及農產品（圖 M17），中非大部份地區經濟落後，85% 以上的人務農為生。主要作物有小麥、大麥、棉花、蔬菜、椰子及桃、杏、無花果。

❀ 圖 M18 2,000 元舊鈔背面

一個港口的場景（圖 M18），旁邊還有小市集，代表有商業活動在進行。

✤ 圖 M19 5,000 元舊鈔正面

中非工人在鑽油井（圖 M19），在中非很多國家都發現蘊藏石油。

✤ 圖 M20 5,000 元舊鈔背面

中非婦女頭頂著竹籠（圖 M20），裡面裝著棉花，大群的農民，整理採下來的棉花，棉花是出口品之一。

 **原料倉庫**

剛果民主共和國
Democratic Republic of the Congo

LUMUMBA ET SES COMPAGNONS

(5) (10) [50] [100]

面積：234.5萬平方公里
（非洲第2）

人口：約1億50萬人（2020年）

首都：金夏沙(Kinshasa)

幣值：剛果法郎(Franc)
1美元≒916CDF

藍色代表剛果河及和平，黃線是地下資源，黃星是光明未來，紅色是烈士熱血。

　　甘比亞過去是歐洲來此作為奴隸貿易的據點，主要以農業為生，花生是出口作物，人民極度貧窮。

　　以前剛果民主共和國稱為薩伊(Zaire)，曾有一軍事強人莫布杜在位三十年，獨裁專制，貪汙腐敗，名聞國際。國旗是綠底中黃圓，其內有一革命火炬，也是非洲三顏色，1997年改國名。因剛獨立，也叫剛果民主共和國。為與現在剛果共和國區別，國際上以首都置於前稱之「金夏沙剛果」。它是世界第三大鑽石國，銅礦第四，但內亂不斷，人民生活水準低落。

❖ 圖 M21 1 法郎正面

左側為 Gecamine 煉銅廠（圖 M21），剛果自然資源豐富，有銅、鈷、鋅、黃金、鑽石等，特別一提，鈾產量占世界之半，素有「世界原料倉庫」之稱。

❖ 圖 M22 1 法郎背面

被捕的帕特里斯 ‧ 盧蒙巴 (Patrice Lumumba, 1925~1961, 圖 M22) 和其同志。1960 年剛果宣布脫離比利時獨立，產生民選總統盧蒙巴，被譽為剛果獨立之父，比利時認為他想推翻西方在非洲殖民體制，1961 年 1 月 17 日拘留盧蒙巴，迅速交於分裂勢力，後來秘密殺害，比利時當局為此事在 2002 年 2 月 5 日向剛果道歉並捐款。

✤ 圖 M23 5 法郎正面

剛果的自然環境十分適合各種野生動物生活，因而有「非洲動物的故鄉」之稱，鈔票上的白犀牛（圖 M23）是動物中的珍品。

✤ 圖 M24 5 法郎背面

剛果河在上游切穿高原落差大，形成急流及瀑布，其中 Kamwanga 瀑布（圖 M24）是最大的。

✤ 圖 M25 10 法郎正面

剛果人盧巴族 (Luba) 擅長木雕，又信奉拜物教，鈔票上男女交歡雕刻（圖 M25），代表人類的生生不息。

✤ M26 10 法郎背面

盧巴族 (Luba) 雕刻品（圖 M26），剛果東南部的 Luba 族，在歷史上是暴力、好戰的民族，但他們藝術品的風格卻很和諧統一，表現其藝術特點。它亦融合了不同民族及文化因素，成為傲人的藝術成就。

❧ 圖 M27 20 法郎正面

昆德倫古 (Kunde lungue) 國家公園的公獅（圖 M27），非洲最大貓科動物，有「萬獸之王」之稱，
獅子狩獵時會集體行動，獅群的分工清楚，獵殺覓食通常由母獅出勤，狩獵得手的成果由雄獅優
先享用，而公獅肩負的職責只有一個，確保勢力領域不受侵擾。

❧ 圖 M28 20 法郎背面

昆德倫古 (Kunde lungue) 國家公園的母獅、幼獅之獅子家族（圖 M28），通常獅群是由一隻雄
師統領，其下會聚居一群母獅與幼獅。獅群往往可以在細分成不同的小群，每個小群通常是由 3
到 10 隻成年母獅和牠們的幼獅所組成。母獅懷孕期間為 110 天，每次可產下 1 到 4 隻不等的幼
獅。獅群中的幼獅，是由母獅負責照顧。

✤ 圖 M29 50 法郎正面

許多剛果部落都喜歡戴面具在祈神儀式上舞蹈，木雕面具造型古樸，工藝精美，具有很高藝術價值。

此面具屬剛果開夏省款式（圖 M29），名叫 Mwana Pwo。

✤ 圖 M30 50 法郎背面

剛果河畔的漁村（圖 M30），居民常以汽艇或獨木舟往返各地，河中有剛果魚（Congo Tetra）生長在非洲剛果河水系。魚體長達 8-10 公分，紡錘型，頭小眼大，口裂向上。背鰭高窄。腹鰭、臀鰭較大。尾鰭外緣平直，但外緣中央突出。體色基調青色中混合金黃色，大大的鱗片具金屬光澤，在光線的映照下，絢麗多彩，非常美麗。河裡的魚類是重要糧食來源。

❖ 圖 M31 100 法郎正面

在剛果東部維倫加國家公園的大象（圖 M31），非洲象雄性身長約 7.5 公尺，身高在 3.3 公尺左右，體重可達 5,000 至 6,000 公斤。雌性的非洲象身長約 6.8 公尺，身高在 2.5 公尺左右，體重約 3000 公斤左右。象群一般都是成群結隊的活動，棲息區域集中在雨林、草原、沼澤地、海岸以及山地林區。母象懷孕期 22 個月，多半在雨季時生產，一胎生一頭小象。

❖ 圖 M32 100 法郎背面

水力發電廠（圖 M32），剛果河是非洲僅次於尼羅河的第二長河，降水豐富，而且這條河流支流眾多。如果按流量來排位，剛果河居世界第二，僅次於南美的亞馬遜河。而今計劃中的水力發電廠，將興建於剛果民主共和國瑞皮茲 (Rapids) 的因加 (Inga) 水電站。總計花費 500 億美元，發電量 40,000 百萬瓦特（MW）。

❖ 圖 M33 200 法郎正面

手持鋤頭的農婦及田裡耕種的農民（圖 M33）。剛果人民多為農夫，主要農產品有樹薯、玉米、花生、稻米、香蕉及最大宗出口的咖啡。

剛果過去常接受國際上的援助，主因是內戰及獨裁統治，農民極度貧窮。

❖ 圖 M34 200 法郎背面

在非洲製鼓是一專門行業，工匠掏空一節樹幹（圖 M34），蒙上獸皮，下端安上木腿，就大功告成。

當外人入侵，就用鼓來傳遞訊息，節慶裡用擂鼓對壘或擊鼓熱舞。

❧ 圖 M35 500 法郎正面

左側為人工開採鑽石之場景（圖 M35），右側有三顆「庫巴」風格的鑽石。

鑽石之所以珍貴是由於在所有寶石當中，鑽石的成分最為乾淨，所以長久以來，它一直在人們心中占據著特殊的位置。為鑽石礦你爭我奪，甚至犧牲性命，故有人稱之「血鑽」。

礦產為國家經濟的命脈，自然資源豐富，銅、鈷、鑽石、錳、錫等儲量尤豐，剛果的鑽石年開採量達 2000 萬克拉。

❧ 圖 M36 500 法郎背面

在 Etroite 谷地的開採鑽石的礦場（圖 M36）。在非洲主要的鑽石生產國是獅子山、安哥拉及民主剛果，鑽石開採之所得提供打仗之軍火，買了武器來搶奪鑽石開掘權力，一直惡性循環。「末代武士」的導演愛德華 · 茲維克 (Edward Zwick) 發現因鑽石帶來數百萬人死於戰亂，決定拍攝「血鑽石」，讓所有人買鑽石時看清楚來源，莫讓黑色亡魂附在鑽石上。

❖ 圖 M37 1,000 法郎正面

右側為 KanioKa（圖 M37），係用在河川捕獲螃蟹的香料盒。

中為剛果熱帶雨林稀有動物歐卡皮 (Okapi)，似長頸鹿，身如斑馬黑白條紋，是屬於長頸鹿科，因居於剛果叢林，水草充分，過著原始自然生活，而長頸鹿祖先，離開叢林到草原為攝取高處樹葉，漫長歲月逐漸脖子慢慢變長。

❖ 圖 M38 1,000 法郎背面

剛果灰鸚鵡 (Congo Gray Parrot, 圖 M38)，灰色羽毛，耀眼紅尾巴，智商極高，壽命甚長，可當終身伴侶之寵物。

❖ 圖 M39 5,000 法郎正面

右側為 Hemba 雕塑（圖 M39），顯示剛果河流域的文化藝術，面具與雕刻作品都帶有心形臉，鈔票上之作品，名稱為祖先雕像，充滿活力與粗獷，據說對畢加索有極大影響。

背景為一群斑馬，學名為 Hippotigris，身上有許多條紋，習慣群居，當成群奔跑，斑紋會使掠食者眼花撩亂。

❖ 圖 M40 5,000 法郎背面

一般孔雀鳥多是綠孔雀，分布在東南亞，而藍孔雀在南亞，而黑、白孔雀為其變種，另本鈔票稱之剛果孔雀(Congo Peafowl, 圖 M40)，單獨成屬，唯一分布亞洲外之雉科動物，又叫剛果太陽鳥。

❖ 圖 M41 10,000 法郎正面

右側為木雕（圖 M41），剛果之雕刻十分精美別緻，工藝精湛，木雕中可以發現愛與憎的感情。
中為耕種之水牛。

❖ 圖 M42 10,000 法郎背面

右側為剛果雨林（圖 M42），與亞馬遜雨林、婆羅洲赤道雨林並稱世界三大雨林，而有三分之
一鳥類是獨有品種。
背景為剛果經濟作物可可、香蕉、橡膠等。

❀ 圖 M43 20,000 法郎正面

右側為木雕頭像（圖 M43），它是一種精靈信仰 (Animism)，表現多采多姿的樣式。
背景為剛果長頸鹿，為世界陸上最高（4.8~5.5 公尺）的動物。

❀ 圖 M44 20,000 法郎背面

非洲鴕鳥 (Ostrich, 圖 M44)，現存體積最大不能飛行的鳥類，嗅聽覺極為靈敏，善於奔跑，為適
應在開闊草原與乾燥荒漠，逐漸向善跑演進，飛行能力慢慢喪失（澳洲鴕鳥自十九世紀移入）。
背景為棕櫚樹，其所產製的棕櫚油是剛果重要外匯收入。

**一鈔
一世界**

中非地區有塊廣大的剛果河流域，非洲殖民時代，在其西邊由法國統
治稱「法屬剛果」，較大的東邊由比利時統治，稱「比屬剛果」，
1960 年兩國同時獨立，國名皆是「剛果共和國」(Republic of Congo
簡稱 ROC)，世人都弄不清楚，所以在國名後冠上首都，前者布拉薩
(Brazzaville)，後者是金夏沙 (Kinshasa)，很巧兩國首都對岸相望，於
是稱剛果共和國（布）及剛果共和國（金)，有點像海峽兩岸，一稱
中華民國 (ROC)，一稱中華人民共和國 (PRC)，外國人都霧煞煞。
1964 年剛果共和國（金）改為剛果民主共和國 (Democratic Republic
of the Congo) 多了「民主」兩字，但還會混淆，1971 年再改名薩伊
共和國 (Republic of Zaire)，因剛果河亦稱薩伊河，兩國各有自己稱
號，但在 1997 年政變成功，再改回來稱剛果民主共和國，又是糾纏
不清了。

現行流通鈔票共有12種面額，從1元至2萬元，顯示在加速通貨膨脹，
不過在薩伊共和國時代，就發行高額巨鈔（見圖 M45 和 M46)，到
了 1993 年 10 月貨幣改革，一新鈔換三百萬舊鈔，三新鈔等於一美元。
在 1997 年推翻約瑟夫 · 蒙博托（Josef Mobatu, 1965~1997, 自封為元
帥）的極權政府之後，新政府陷入現金短缺困境，直到設計並發行新
紙鈔，為了補充現金的不足，新政府目光投向舊政權的鈔票，為節約
並解決燃眉之急，他們將蒙博托面部去掉（塗鴉或挖空）。

這一版的鈔票圖案多彩多姿，展現中部非洲人民的生活記錄、物產資
源及壯麗山河，是一套可圈可點的紙幣。

❦ 圖 M45 舊鈔正面

❦ 圖 M46 舊鈔正面

 **蕞爾島國**

聖多美普林西比
Sao Tome
and Principe

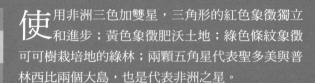

(5) (10) [50] [100]

面積：1,000平方公里
人口：約22萬人(2019年)
首都：聖多美(St.Thomas)
幣值：杜布拉(Dobra)
　　　　1美元≒27,000D

使用非洲三色加雙星，三角形的紅色象徵獨立和進步；黃色象徵肥沃土地；綠色條紋象徵可可樹栽培地的綠林；兩顆五角星代表聖多美與普林西比兩個大島，也是代表非洲之星。

聖國是非洲中西側的島國，原為火山荒島，15世紀葡萄牙進行移民開發，面積一千平方公里，人口十八萬人，可可及咖啡是最主要作物，此外亦有森林及漁業資源，目前也是世界較貧窮國家，須靠外援幫助。

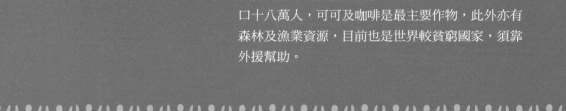

✤ 圖 M47 5,000 多布拉正面

右側人像是反對葡萄牙殖民統治的英雄——雷 · 阿馬多爾 (Rei Amador, 圖 M47) 的側面頭。
左側為田巴飛鴿（輝椋鳥，國際自然保護協會列為瀕危物種）。中上為雙鳥國徽，此鳥為普林西
比八哥，每張都有。

✤ 圖 M48 5,000 多布拉背面

Agostino Noto 莊園遺跡（圖 M48），它是聖多美境內最大莊園遺跡，主體建築是壯觀的醫院，
其後是植物園，在殖民時代，種植甚多可可豆，其他植物都是古木參天，其內還有不少交誼廳，
供慶典使用。

✤ 圖 M49 10,000 多布拉正面

右側人像是反對葡萄牙殖民統治的英雄——雷 · 阿馬多爾 (Rei Amador, 圖 M49) 的側面頭。
左側為求雨鳥。

✤ 圖 M50 10,000 多布拉背面

普林西比島聖安東尼奧市 (Santo Antonio) 的鸚鵡橋（圖 M50）。當地有誘人的野生動植物，包
括特有的翠鳥及鸚鵡。

♣ 圖 M51 20,000 多布拉正面

右側人像是反對葡萄牙殖民統治的英雄——雷 ‧ 阿馬多爾 (Rei Amador, 圖 M51) 的側面頭。
左側為當地特有翠鳥——卡木塞拉鳥。

♣ 圖 M52 20,000 多布拉背面

普林西比的聖安東尼奧市秀麗的帕維斯灣風光，碧浪白沙、椰風陣陣（圖 M52），擁有迷人的
海灘及豐富漁業資源。

❧ 圖 M53 50,000 多布拉正面

右側人像是反對葡萄牙殖民統治的英雄──雷 · 阿馬多爾 (Rei Amador, 圖 M53) 的側面頭。
左側為當地特有翠鳥──果諾比亞鳥，又名藍胸翡翠，是非洲體型最大翠鳥。

❧ 圖 M54 50,000 多布拉背面

在首都聖多美 (St.Thomas) 的首都行府大樓（圖 M54）。

❧ 圖 M55 100,000 多布拉正面

右側為聖多美詩人佛朗西斯科‧何塞‧膝雷魯 (Francisci Jose Tenreiro, 1921~1963, 圖 M55)，左側為詩詞，背景有大鸚鵡、羅盤、樹葉等。

❧ 圖 M56 100,000 多布拉背面

當地的一種特殊街頭民俗表演（圖 M56），稱為 Auto de Floripes，每年 8 月中旬舉行。
故事情節描述北非阿拉伯人（摩爾人）入侵伊比利半島（今之西、葡）。一位摩爾公主愛上西葡
騎士，無視宗教禁令（伊斯蘭教與基督教）結為連理，一段浪漫愛情故事，亦歌亦舞，吸引各地
觀光客。

一鈔一世界

聖多美及普林西比 (St.Thomas and Prince) 是西非海岸的小島國，1470 年 12 月 21 日（冬至），葡萄牙人登陸此島，此日逢天主教之聖多美日，故取名聖多美島（與南太平洋之復活節島故事雷同），1471 年再來，將旁邊小島命名安東尼奧島，葡萄牙國王將島賜予太子，改名普林西比（語意太子）二島合一，為當今國名。

聖多美及普林西比的鈔票正面都是人頭，除 10 萬元是詩人縢雷魯外都是民族英雄阿馬多爾，左側都是當地鳥類，而背面都是當地風光。這個國家是非洲第二小國家（僅次於塞席爾），面積 1,000 平方公里而已，人口不到 20 萬人，是世界低度開發國之一，然而它的 5 萬元鈔票讓美國大衛・史坦迪什 (David Standish) 驚艷，在他的著作《金錢的藝術 The Art of Money》公布世界最美麗的鈔票排行前十名中，名列第三，小兵立大功，真是國家形象最佳代言人。

走筆至此，相信大家都想知道第一名是何方神聖？答案是法屬太平洋領地 10,000 法郎的紙幣，特附上此張鈔票正、背面（圖 M57 和 M58），這張鈔票有頭帶花環的少女，一頭烏黑頭髮，在夕陽餘暉的金黃光芒中，楚楚動人，海邊美景，海底風光，真是美不勝收，人間天堂。

❧ 圖 M57 法屬太平洋領地 10,000 法郎正面

❧ 圖 M58 法屬太平洋領地 10,000 法郎背面

第四篇 東部非洲
East Africa

- 在地理上的習慣分類，非洲東部有下列幾個國家（依英文字母順序）：1.蒲隆地(Burundi)；2.吉布地(Djibouti)；3.厄利垂亞(Eritrea)；4.衣索比亞(Ethiopia)；5.肯亞(Kenya)；6.盧安達(Rwanda)；7.塞席爾(Seychelles)；8.索馬利亞(Somalia)；9.坦尚尼亞(Tanzania)；10.烏干達(Uganda)共十國，各國都有自己發行的鈔票，但東非共同幣的三國：肯亞、坦尚尼亞、烏干達將進行「共同貨幣」，而盧安達及布隆地也有意加入，仿效西非法郎及中非法郎。

- 在地圖上非洲東部可找到非洲第一高山──吉力馬札羅山，第二高山──肯亞山，北邊有非洲最大的維多利亞湖及最深的坦伊喀湖，還有陸地上最長的裂谷帶─東非大裂谷，赤道穿越本地區，形成「東非十字架」，在大裂谷中（4000公里）非常適合農牧，大部份國家農牧立國。

- 在東非草原上有大象、獅子、斑馬、犀牛、野牛、長頸鹿、狒狒、猩猩出沒，許多國家為此建立野生動物園，還有不少珍稀鳥類棲息於此，這些奇禽異獸就是鈔票主角。

- 東非高原的氣候很適合種植咖啡、茶、可可、棉花，這些都成了當地的經濟作物，在國家外匯收入舉足輕重，在紙幣上有其身影。

- 在東非有遊牧的馬賽族，處處為家，只有少數圖西族統治多數胡圖族，造成世紀大屠殺，慘不忍睹，由紙鈔上之人物可知悉。

- 東非是高原也是草原，一望無際沒有阻攔，人們可盡情奔跑，所以是世界長跑馬拉松的故鄉。西非是熱帶雨林，樹木林立，有利足球盤球運球，所以西非的喀麥隆、塞內加爾、奈及利亞被喻足球的「非洲之獅」。

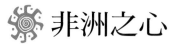 非洲之心

蒲隆地
Burundi

⑤ ⑩ 50 100

面積：2.8萬平方公里
人口：約1,224萬人(2021年)
首都：吉特加（Gitega）
幣值：蒲隆地法郎（BIF, Burundi Franc）
　　　　1美元≒1,600BF

國旗以白色X字分為四部分，中間一個圓形，裡面有三顆星。紅色為紀念犧牲先烈的鮮血，綠色代表希望，白色是和平，三顆星星分別是國家標語「團結、勞動、進步」，也代表三個族群彼此和睦相處。人人會擊鼓，有「鼓國」之稱。

　　蒲隆地早期是比利時殖民地，種族不睦，屢屢政變，政局動盪。國家小，人口多，工業極度不發達，人民大多以農牧為生，平均國民所得世界倒數第三，不滿300美元。

✤ 圖 E1 10 法郎正面

蒲隆地的地圖輪廓及國徽（圖 E1），其意義是中央紅色盾徽象徵著人民為爭取獨立而受的苦難。
盾徽上的獅頭是國家主權標誌，後面三支交叉的長矛代表三大部族，底部的飾帶上書寫著建國三
大目標：團結、勞動、進步。

✤ 圖 E2 10 法郎背面

水波及國家箴言：團結、勞動、進步（圖 E2）。

✤ 圖 E3 20 法郎正面

鈔票上為舞者（圖 E3）。

在蒲隆地的文化中，藉由故事、歌曲、音樂流傳，腰臀部披掛獸皮，手執長矛，在急切鼓聲、高亢弦聲中高歌狂舞，節奏粗獷、旋律快速，與東方古典舞蹈、西方現代舞迥然不同。

✤ 圖 E4 20 法郎背面

國徽（圖 E4，如圖 E1 10 元正面所示）。

✤ 圖 E5 50 法郎正面

左側是獨木舟（圖 E5）。

蒲隆地是內陸國，也是尼羅河水系和與剛果河水系分水嶺，有「非洲之心」之稱。水陸網羅列，獨木舟是水上交通主要工具。中間為國徽。

✤ 圖 E6 50 法郎背面

在坦干依喀湖 (Lake Tanganyika) 世界第六大湖，3.3 萬平方公里，幾乎和台灣一樣大，其上有傳統的捕魚方式（圖 E6）。

右側是河馬 (hippo)，當地代表性動物，外型渾圓可愛，但具攻擊性，。

❖ 圖 E7 100 法郎正面

路易‧魯瓦加索爾王子 (Louis Rwagasore, 1932~1961, 圖 E7)。他是蒲隆地的國家主義者和總理，曾在比利時就讀，他帶頭作先鋒，領導他的國家人民發動反抗殖民統治的運動。背景是王子紀念碑。

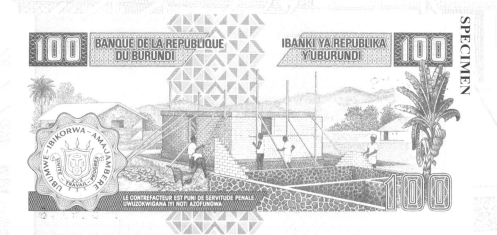

❖ 圖 E8 100 法郎背面

建築磚造房屋（有別一般居住傳統茅屋，圖 E8）。
左側為國徽，右側為經濟作物──香蕉樹。

✿ 圖 E9 500 法郎正面

左側是當地繪畫雕刻（圖 E9）。

描述當地人應托利舞的木刻，慶典時民眾聚集在一起跳舞、吃飯。非洲的傳統舞蹈歷史悠久，擁有與音樂密切結合的特色，功能多屬祭典或社交娛樂。蒲隆地國寶樂器是 illanga，八弦扁吉他和十數鼓手組成。

當地人種生來就有音樂細胞，跳起舞來得心應手。

✿ 圖 E10 500 法郎背面

鈔票中是銀行大樓（圖 E10）。

蒲隆地共和國銀行大廈，1964 年成立。蒲隆地財政收入主要靠各種稅收和外國、國際組織的貸款和贈款。近年來連年赤字。是聯合國宣布的世界最不發達國家之一。

左側有經濟作物──椰子樹。

❖ 圖 E11 1,000 法郎正面

左側牛群（圖 E11）在蒲隆地被視為是財富與地位的象徵，不當做食物享用而用來販賣或耕作。
發展經濟的主要障礙是國家小，人口多，資源貧乏，無出海口（內陸國）。
中間是國徽。

❖ 圖 E12 1,000 法郎背面

紀念碑（圖 E12）。
紀念內戰中的部族死難者，在這場種族（蒲隆地有三個種族——胡圖族 Hutu85%、圖西族
Tutsi13%、特瓦族 Twa2%）衝突中至少有二十萬人被屠殺，占一成多的圖西人在高位統治多數
的胡圖人，不正常社會結構埋下國家不安的惡種，這場屠殺一直持續到 2002 年，時主政的圖西
政府終於在國際的斡旋下與四支不同的胡圖叛軍簽下停戰協議，然而蒲隆地的未來還是蒙上一層
陰影，英國萊斯特大學推出的「世界快樂地圖」（含教育、健康、財富），蒲隆地是全世界最不
快樂的國家。
右側上為經濟作物——咖啡樹，蒲隆地的高原上可種植高品質的咖啡。
右側下為牝犢。

❖ 圖 E13 2,000 法郎正面

右側為蒲隆地當地茶葉收穫的情形（圖 E13）。蒲隆地經濟的支柱是農業，蒲隆地咖啡占出口外匯收入大宗。咖啡豆品質被行家視為與牙買加藍山咖啡同一等級，茶、菸草與咖啡是三大重要作物。

中間上方為國徽。

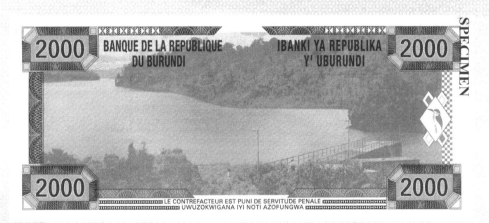

❖ 圖 E14 2,000 法郎背面

卡蓋拉河（尼羅河發源地，圖 E14）。

尼羅河縱貫非洲東北部，經蒲隆地、盧安達、坦尚尼亞、烏干達、衣索比亞、蘇丹、埃及，最後注入地中海，全長 6650 公里，為世界最長河流，最遠的源頭是「蒲隆地」的卡蓋拉河，並在此修建魯書古拉大小壩。

E CONTREFACTEUR EST PUNI DE SERVITUDE PI
UWUZOKWIGANA IYI NOTI AZOFUNGWA

❖ 圖 E15 5,000 法郎正面

上方為國徽（圖 E15）。右側圖案的建築物是文化藝術館。

❖ 圖 E16 5,000 法郎背面

首都布瓊布拉港 (Bujumbura，圖 E16)。

是蒲隆地境內主要港口，有 500 米長碼頭，可同時停靠 5 艘貨輪。主要出口品有咖啡、茶葉、棉花、皮革等，進口物資為工業原料、機器設備、燃料和消費品。

✤ 圖 E17 10,000 法郎正面

左：路易‧魯瓦加索爾王子 (Louis Rwagasore, 1932~1961, 圖 E17)，圖西族人是蒲隆地的民族主義者和總理，帶領他的國家反殖民地運動，他建立一系列的非洲合作社鼓勵經濟獨立。1961 年遭到政治敵手暗殺身亡，他的死使得蒲隆地的人民團結，完成了 Rwagasore 民主蒲隆地的夢想。

右：恩達達耶總統 (Melchior Ndadaye 1953~1993) 是蒲隆地第一位民選的文職總統，Ndadaye 是胡圖族的成員，在 1993 年蒲隆地第一次的民主選舉中當選成為總統，不到四個月，他被圖西族的軍事政變綁架並且殺害，他的死成為蒲隆地內戰的開端。二人並列，代表二族人之和平共存。

✤ 圖 E18 10,000 法郎背面

鈔票上為學童學習情景（圖 E18）。

蒲隆地過去備受內戰蹂躪，民生困難，蒲隆地大多數人民生活赤貧，許多人一天賺不到美金一塊錢，因此許多家庭根本無力負擔孩子的教育費。雖然國際社會承諾要捐助，協助蒲隆地戰後重建，但文盲占全國人口 50%，因內戰，許多學校關閉或被毀。

右側是草編工藝品——籮。

一鈔
一世界

蒲隆地（Burundi，中國大陸譯名布隆迪）是非洲的內陸小國家，受到人口壓力、內戰、貪污、文盲、愛滋病所困，是非洲最貧窮、最矛盾的國家之一，因此不得不依靠外援來救濟國家的人民，此地人民大多能歌善舞，自娛娛人。

在十九世紀中葉，蒲隆地先後為英國、德國及比利時入侵，直到1962年7月才正式獨立，成為蒲隆地王國，蒲隆地有二大民族，為數不到一成半的圖西人(Tutsi)長期以來，握有主控權，統治多數的胡圖人(Hutu)組成的平民百姓（如早期南非，少數白人控制多數黑人），這種不正常的結構，埋下不穩定惡果，在1972年有1萬名胡圖人遭圖西人殺害；1993年10月蒲隆地首任胡圖人總統梅爾希奧‧恩達達耶(Melehior Ndadaye)為圖西人主控的軍方暗殺，導致全國種族大衝突，有20萬以上的人遭到屠殺，150萬人流離失所，原有6.5萬的圖西人，急速遞減，2002年主政的圖西人在國際斡旋下，達成停戰協定。

由於種族歧視，少數的圖西人比較聰明，鼻子較高，皮膚沒有那麼黑，歐洲人讓他們統治認為比較野蠻、較不聰明的多數胡圖人，所謂「以夷制夷」，而蒲隆地獨立運動族是 Rwagasore 王子，屬圖西族人；首任胡圖人總統 Ndadaye 上台在500元正面使用其肖像（圖 E19），上台不到四個月被圖西族的軍方暗殺，所以緊急把這張鈔票正面換成民族風情雕刻，原有的塵封，直到最近和解，在10,000元鈔票出現二人。

❖ 圖 E19 500 法郎正面（參閱圖 E9）

❖ 圖 E20 500 法郎背面（參閱圖 E10）

2015 年 9 月 15 日發行蒲隆地新版鈔票

❦ 圖 E21-1 500 法郎正面

左為鱷魚、國徽，右為咖啡樹、國旗（圖 E21-1）。

❦ 圖 E21-2 500 法郎背面

鈔票上為蒲隆地地圖輪廓及坦干依喀湖的船（圖 E21-2）。

❦ 圖 E22-1 1,000 法郎正面

右為蒲隆地畜牧業。

❦ 圖 E22-2 1,000 法郎背面

鈔票上有蒲隆地地圖及香蕉樹。

❦ 圖 E23 2,000 法郎正面

左側為羚羊、國徽（圖 E23），右側為鳳梨、國旗。

❦ 圖 E24 2,000 法郎背面

鈔票上為蒲隆地地圖輪廓及茶農巡視茶園（圖 E24）。

❀ 圖 E25 5,000 法郎正面

左側為水牛、國徽（圖 E25），右為蒲隆地居民擊鼓舞蹈。

❀ 圖 E26 5,000 法郎背面

鈔票上為蒲隆地地圖輪廓及大自然風景（圖 E26）。

❀ 圖 E27 10,000 法郎正面

左為河馬、國徽（圖 E27），右為蒲隆地王子路易士·魯瓦加索爾 (Louis Rwagasore ,1932~1961)、左為蒲隆地總統梅爾希奧·恩達達耶 (Melchior Ndadaye,1953~1993)。

❀ 圖 E28 10,000 法郎背面

為蒲隆地地圖輪廓及常見的棕櫚樹，學名：Trachycarpus fortunei（圖 E28）。

紅海要衝

吉布地
Djibouti

⑤ ⑩ 50 100

面積：2.32萬平方公里
人口：約93萬人(2021年)
首都：吉布地市(Djibouti)
幣值：吉布地法郎(Djibouti Franc)
 1美元≒177.71DJF

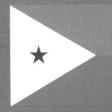

白色象徵和平與平等；藍色象徵天空和海洋；綠色象徵財富和大地，也代表國內兩大族群——伊薩族及阿法爾族。吉布地位於紅海出印度洋地帶，地理位置極為重要。

紅星表示統一和獨立，吉布地資源有限，人口快速增加，但教育水準低，仍屬窮國。

✤ 圖 E29 2,000 法郎正面

右側為吉布地身著傳統服飾的年輕女孩（圖 E29）。
中間為游牧民族隨著駱駝隊伍前進。

✤ 圖 E30 2,000 法郎背面

總統府，係殖民時代之總督府（1975 年自法獨立，圖 E30）。
左側有執矛與盾的戰士雕像（都是法殖民時期遺物）。

✤ 圖 E31 5,000 法郎正面

右側為獨立戰士，亦是吉布地首屆議會議員，曾設計國旗──馬哈穆德・哈爾比 (Mahamoud Harbi, 1921~1961, 圖 E31)。
左側為國家銀行大樓。

✤ 圖 E32 5,000 法郎背面

身穿傳統服飾的北部阿法爾族婦女（圖 E32）。
背景為阿貝湖景觀，其魚源豐富，捕撈作業仍用手工作業。

❀ 圖 E33 10,000 法郎正面

右側為第一任總統哈桑・古萊德・阿普地敦 (Hassan Gould Aptidon, 圖 E33)，任 期
1993~1999，背景為亞丁灣海底之熱帶魚。

❀ 圖 E34 10,000 法郎背面

國家銀行大樓（圖 E34）。

吉布地（Djibouti，中國大陸譯名吉布提）位於非洲東北部的一小國，19 世紀淪為法國殖民地，1975 年才獨立，法國總督府成為總統府，首任總統是阿普地敦。

阿薩勒湖是非洲著名之鹹水湖，位於吉布地中部，低於海平面 150 公尺，含鹽量 33%，此地以生產石鹽聞名，吉布地漁農業資源豐富，捕撈業採傳統模式，海底風光明媚，可發展觀光，而偏遠地區仍以飼養牛、羊、駱駝為主。

吉布地有 70% 人口居住城市，生活方式受阿拉伯及歐洲影響，偏遠地區的阿法爾人，保存自己的傳統。

介紹我的私人珍藏：1984 年吉布地 10,000 元鈔票上出現非洲奇觀——羊上樹（圖 E35），羊本來是不會爬樹的，但在吉布地天乾物燥，荒草孤木，為了生存，羊居然會上一些常綠灌木上吃葉子，真是一大奇觀，達爾文進化論名言「物競天擇，優勝劣敗，適者生存」，然也！

✤ 圖 E35 10,000 法郎正面

難民悲歌

厄利垂亞
Eritrea

(5) (10) 50 100

面積： 11.8萬平方公里

人口： 約608萬人(2020年)

首都： 阿斯瑪拉(Asmara)

幣值： 納夫卡(Nafka)

1美元≒15Nafka

綠色象徵農業及綠色草原，紅色象徵為獨立而奮鬥，藍色代表豐富的海洋資源，黃色象徵礦產資源，橄欖枝則展示了人民對和平的期待。

厄利垂亞長期受衣索比亞統治，1993年才獨立，征戰數十年，經濟受到嚴重破壞，人民仰賴農漁業，極為貧窮。獨立後採取高壓統治及長時間徵兵，年輕人蜂擁至他國庇護，難民問題嚴重，被稱為「非洲北韓」。

❖ 圖 E36 1 納夫卡正面

鈔票左邊代表厄利垂亞人獨立的象徵（圖 E36），因為人民高舉著 EPLF（厄利垂亞人民解放陣線 Eritrean People's Liberation Front）的旗幟，代表其不忘本的象徵，故每張鈔票都有這張圖。
鈔票中間是厄利垂亞的小女孩。也是厄利垂亞的其中三種民族，左是提格萊族，中為薩霍族，右為提格雷尼亞族。
鈔票右邊的駱駝在當地是很重要的，是國家的象徵，因此每張鈔票也有這張圖。

❖ 圖 E37 1 納夫卡背面

鈔票上圖的意義，代表厄利垂亞政府很提倡教育。不只是小孩，連大人也可以學習，除在教室練習，也在露天教學，可以說「活到老學到老」。

❖ 圖 E38 5 納夫卡正面

圖案如圖 E36 所述，中間人像自左自右是阿法爾族、提格雷尼亞族和納拉族，年齡用了老、中、少。

❖ 圖 E39 5 納夫卡背面

The Jacaranda Tree 紫威科樹木（藍花楹樹，圖 E39）
Jacaranda 樹，是一種非常巨大的樹種，樹高 20 公尺，它的樹蔭甚至可以遮蔽一群牛羊。它的豔麗藍色或紫羅蘭色的花朵很吸引人。紫威科樹木的藍色花朵，裝飾許多厄利垂亞城市的街道。

❖ 圖 E40 10 納夫卡正面

左右圖案如圖 E36 所示，中間三位女童自左至右是提格雷尼亞族、薩霍族及比倫族（圖 E40）。

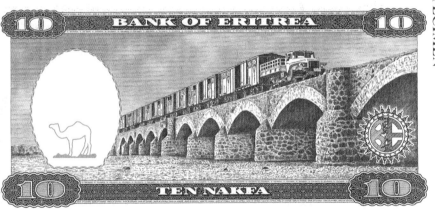

❖ 圖 E41 10 納夫卡背面

厄利垂亞港口城市馬薩瓦 (Massawa) 附近的火車在 Obel 石橋上行駛（圖 E41）。

❖ 圖 E42 20 納夫卡正面

左右圖案見圖 E36 所示，中間三位女童自左至右是提格萊族、提格雷尼亞族及薩霍族。

❖ 圖 E43 20 納夫卡背面

從這張鈔票中發現，共有三種不同的鄉村耕種現象，有用農耕機、手耕作，其中發現最特別的部份是厄利垂亞人用駱駝耕田（圖 E43）。

✤ 圖 E44 50 納夫卡正面

左右圖案見圖 E36 所示，中間三位兒童頭像自左至右是希達賴伯族、沙拉伊達族和庫納馬族（圖 E44）。

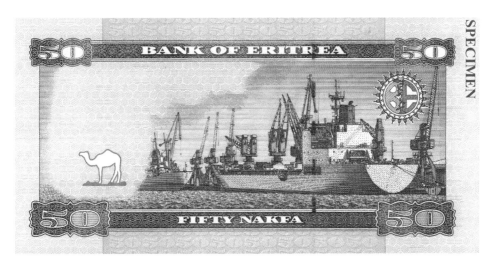

✤ 圖 E45 50 納夫卡背面

厄利垂亞主要港口──阿薩布港（圖 E45）。曾因戰亂淪為「死港」，造成另一海港──馬薩瓦港的貨運量。

❧ 圖 E46 100 納夫卡正面

左右圖案如圖 E36 所示，中間三位女童，自左至右是希達賴伯族、庫納馬族和薩霍族（圖 E46）。

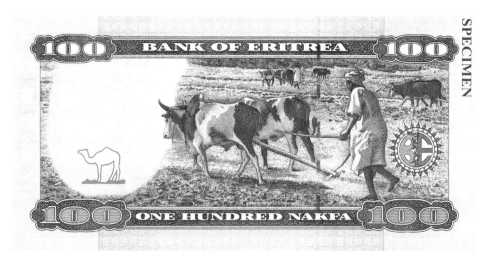

❧ 圖 E47 100 納夫卡背面

厄利垂亞人用牛來從事耕作，因此牛在當地也是非常重要的農耕動力。但厄利垂亞有戰火浩劫又有旱災，常面臨糧食短缺，聯合國專家嘗試培育抗旱、抗菌的大麥品種。

一鈔
一世界

位於非洲東北角的厄利垂亞（Eritrea，中國大陸譯名厄立特里亞），歐亞非三洲海上通道的咽喉——曼德海峽，戰略地位極為重要。在 1960 年代歷經與衣索比亞長達 30 年的人民武裝反抗，1993 年 5 月公民投票宣布獨立，任何一張鈔票正面左側均有此獨立象徵之圖像，但人們的生活至今仍舊是貧窮度日。

厄利垂亞境內種族繁多，在鈔票正面上，三人一組輪番上陣，各族均有獨立語言，這與前期人民幣中，出現二人一組，各民族上台亮相，極為相像，茲附上參閱。

❉ 圖 E48 1 角正面

高山族／滿族（圖 E48）。

❉ 圖 E49 2 角正面

布依族／朝鮮族（圖 E49）。

✤ 圖 E50 5 角正面

苗族／壯族（圖 E50）。

✤ 圖 E51 1 元正面

侗族／瑤族（圖 E51）。

✤ 圖 E52 2 元正面

維吾爾族／彝族（圖 E52）。

❧ 圖 E53 5 元正面

回族／藏族（圖 E53）。

❧ 圖 E54 10 元正面

漢族／蒙族（圖 E54）。

非洲屋脊

衣索比亞
Ethiopia

⑤ ⑩ 50 100

面積：110萬平方公里

人口：約1億922萬人(2018年)
（非洲第二，世界第十三）

首都：阿迪斯阿貝巴(Addis Ababa)

幣值：比爾(Birr)
1美元≒38.1644比爾(ETB)

國旗是根據舊約聖經諾亞方舟故事中的彩虹而定的，表示是基督教國家。綠色代表豐饒的國土及財富，黃色代表愛與信，紅色象徵勇氣及愛國心。反向就是南美玻利維亞國旗。衣索比亞的紅、黃、綠三色，後來非洲獨立國紛紛採行，故此三色又稱「非洲三色」。

衣索比亞是畜牧大國，在放牧過程無意中發現野生咖啡。1968~1985年間，因乾旱、戰爭、人口，造成飢民慘狀，變成難民的故鄉。臺灣世界展望會乃發起「飢餓三十」來援助。

✤ 圖 E55 1 比爾正面

衣索比亞人民大多務農，男孩自孩提就要牧牛（長角牛，圖 E55），牛對他們而言是不可或缺的資本，所以他們也把牛群擺在鈔票上。左側背景獅頭（所有鈔票皆有）是衣索比亞的圖騰，來自所羅門王與舍巴女王的故事，迄今人民常以獅頭為裝飾圖案。

✤ 圖 E56 1 比爾背面

梯斯塞特瀑布（Tississat Waterfalls, 圖 E56）

尼羅河有兩個源頭，白尼羅河及藍尼羅河。藍尼羅河源頭在海拔兩千米的衣索比亞高地，全長六百八十公里，穿過塔納湖，然後急轉直下，形成一瀉千里的非洲第二大瀑布——梯斯塞特瀑布，意為「冒煙的水」。流經蘇丹平原與白尼羅河匯合稱尼羅河。衣索比亞水源豐富，河流湖泊多，有「東非水塔」之稱。

左側是白喉鳥 (white-throated Bee-eater)，全長約 13cm，身穿綠衣，頭黑帽，黑色眼線，在草叢裡生活，捕食小蟲子和蜘蛛、蜜蜂。

❖ 圖 E57 5 比爾正面

衣索比亞是歷史悠久的咖啡生產國（圖 E57），境內百分之五十的咖啡皆栽植於高海拔高原（有「非洲屋脊」之稱），以生產上等耶加雪夫 (Yirgacheffe) 咖啡聞名。在西元 900 年左右，一位牧羊人偶然發現野生咖啡，故衣索比亞是「咖啡的故鄉」。衣索比亞的咖啡具有多樣的風貌。日晒處理的衣索比亞咖啡有狂野的風味、紅酒般的發酵香味及濃郁質感。衣索比亞是世界五大咖啡生產國之一，居非洲第一位，出口額占總值三分之二。

❖ 圖 E58 5 比爾背面

左側是牛羚 (Wildebeest, 圖 E58)，原產於非洲草原，是一種有鬍鬚的大型羚羊，牠是草食性動物，當遇到威脅時，牛羚會發出一聲短而有報警作用的鼻息聲來提醒群體。

右側藪貓 (Felis serval) 是東非稀樹草原的貓科動物，主要在夜間活動，獵食時依靠敏銳的雙耳。四肢很長，適於在草叢中行走。動作敏捷，善於爬樹、游泳、跳躍，速度很快。衣索比亞氣候宜人，動物種類繁多，期許躋身非洲旅遊大國。

背景是塞米恩國家公園 (Semien Mountains National Park)，最左側隱約看到咖啡樹及果實。

✤ 圖 E59 10 比爾正面

婦女在編織草蓆（圖 E59），最右側是放食品的草編容器。

在沼澤地有種名叫「紙莎草」的蘆葦叢生，人們把紙莎草造成的紙張運到海外出售。而紙莎草的纖維經過編搓，能夠製成上好的繩索。此外，船隻、籃子、凳子、鞋子、篩子等等都是紙莎草的成品，這些影響了所有人的日常生活。

✤ 圖 E60 10 比爾背面

農業科技的引進（圖 E60）。

引進國外長期無息貸款及各國派遣，大批農業及工程人員赴衣索比亞工作，以協助衣索比亞的農業快速進步。

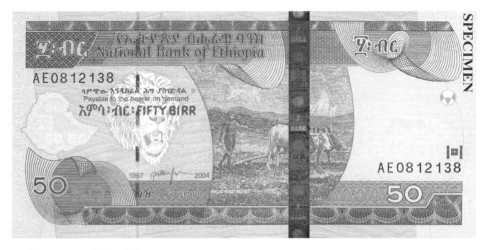

✤ 圖 E61 50 比爾正面

當地的農耕情形（圖 E61）。

農牧業人口占全國人口的百分之八十。自古到今，大多數的農夫們都是以牛隻來耕田，牛隻對他
們而言，是非常重要的動物，畜牧業居非洲各國之首。

✤ 圖 E62 50 比爾背面

法西利達斯城堡 (Fasilidas Castle，圖 E62)。

艾克森古王國位於衣索比亞的西北方，擁有古老歷史文明的美麗國度。在 Fasiladas(1632~1667)
統治期間成為衣索比亞皇宮，完好保留，此王朝遺跡有非洲藝術瑰寶之稱，被列為世界文化遺產。

✤ 圖 E63 100 比爾正面

農耕情形（圖 E63，與圖 E61 同一圖案）。

✤ 圖 E64 100 比爾背面

左側為阿克蘇姆方尖碑（圖 E64）。

中為阿迪斯阿貝巴 (Addis Ababa) 大學內的科學試驗室在研究咖啡豆。

右側為咖啡樹及果實。咖啡有阿拉比卡種 (Arabica)，非洲產於衣索比亞、肯亞、坦尚尼亞；另有羅布斯塔種 (Kobusta)，非洲產於烏干達、象牙海岸、剛果、安哥拉。但不同土壤，不同氣候的影響，生長出的咖啡各有獨特風味。

**一鈔
一世界**

伊索比亞（Ethiopia，中國大陸譯名埃塞俄比亞）位於東非「非洲之角」中心，地勢偏高，有「非洲屋脊」之稱，境內多河流、湖泊，水流依順坡陡降，產生峽谷、急流和瀑布，因水力資源豐富，亦有「東非水塔」之名。

衣索比亞是有 3000 年歷史的古國，是非洲少數擁有自己文字的國家，也有專屬的曆法。其間分分合合，為非洲唯二（另一為賴比瑞亞）未受歐洲殖民，擁有 17 世紀的古堡，保存良好，還有更古老文明的方尖碑，此紀念碑的建築形式已被世界所採用，如義大利、美國、阿根廷可見其身影。

首都阿迪斯阿貝巴風景優美，其中以首都命名之大學，科學研究中心頗有名氣。它是國王塞拉西一世在 1961 年將宮殿捐出成立的大學。

衣索比亞是一農牧國家，它是國民經濟支柱，這裡是許多農作物的原產地，比較著名的是咖啡、恰特草及芭蕉等，畜牧總數居非洲之冠，主要是養牛，另外，藪貓的飼養員是特有的，農牧人口占 85% 以上，整體農牧不發達，工礦薄弱，被聯合國列為世界最不發達國家之一。

衣索比亞貧窮的程度算是世界級的，記得小學時捐出自己的零用錢，都是在救濟這些國家貧困的人民和無法接受正常教育的孩子們，而他們也需要人道的關懷。

長跑王國

肯亞
Kenya

⑤ ⑩ 50 100

面積：58.3萬平方公里

人口：約5,040萬人(2018年)

首都：奈洛比(Nairobi)

幣值：肯亞先令(Kenya Shilling)
　　　1美元≒100KS

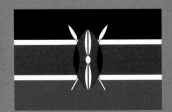

國旗兩道白條象徵和平統一（脫離英國獨立），紅色象徵先烈們的鮮血，黑色是黑種人的本色，綠色象徵農業（咖啡、茶、棉花）和綠色草原（有名的動物大遷移），國旗中央的盾牌及長矛是捍衛國家的獨立與自由。

　　肯亞高地氣候宜人，是白人移民最多的地方。茶、咖啡、旅遊是三大基石，在非洲中是經濟較佳的國家，首都奈洛比又稱「東非倫敦」。

✤ 圖 E65 50 先令正面

喬摩・肯雅塔總統(Jomo Kenyatta, 1893~1978，圖 E65)，為肯亞民選的第一任總統，任期五年。在西元 1963 年時，東非的肯亞經過好幾年鬥爭之後，擺脫殖民統治獲得獨立。1964 年 12 月 12 日成立肯亞共和國，非洲的民族主義者喬摩・肯雅塔出任首任總統，也被尊稱為「國父」。

✤ 圖 E66 50 先令背面

左側是蒙巴薩莫伊大街的巨型象牙雕塑（圖 E66），通過這些象牙形狀的特別城門，便能進入肯亞第二大城蒙巴薩城市。這些城門是獨立前為了迎接英國女王訪問而建造，現在它們成了這座城市的象徵。

右側為行走沙漠之駱駝正通過此處。

✿圖 E67 100 先令
正面

肯亞民選的第一任總統喬
摩・肯雅塔（圖
E67），如圖 E65 所述。

✿圖 E68 100 先令背面

高聳的肯亞塔國際會議中心（圖 E68），非洲諸國常在此開會，前有首任總統
Kenyatta 之石雕坐像。
左側為肯亞主要經濟作物──咖啡。

✿圖 E69 200 先令
正面

肯亞民選的第一任總統喬
摩・肯雅塔（圖
E69），如圖 E65 所述。

❖ 圖 E70 200 先令背面

當地農民收割棉花（圖 E70），肯亞積極鼓勵棉花種植和加工。

❖ 圖 E71 500 先令
　　正面

肯亞民選的第一任總統喬摩・肯雅塔（圖 E71），如圖 E65 所述。

❖ 圖 E72 500 先令
　　背面

肯亞奈洛比國會大廈（圖 E72）。

左側為國會的權杖，在獨立時由英國政府贈與。

右下側為肯亞國徽，其上有長矛與盾牌。

❖ 圖 E73 1,000 先令
正面

肯亞民選的第一任總統喬
摩‧肯雅塔（圖 E73），
如圖 E65 所述。

❖ 圖 E74 1,000 先令背面

非洲象（圖 E74）身高約 3.2 公尺，耳朵是印度象的 3 倍大，大象的耳朵除了
聽覺以外，還可以用來搧風消暑。非洲象不論雄雌都長著獠牙。
象群遠處有非洲野牛，熱帶草原帶或熱帶森林中，身高約 1.5 至 1.7 公尺左右，
最明顯的特徵為頭上一對巨角，牛背上還有白鷺鷥，肯亞是動物的王國，感受
到大自然原野的悸動。

一鈔
一世界

肯亞（Kenya，中國大陸譯名肯尼亞）位於東非高原的東北，赤道橫
貫中部，東非大裂谷縱貫南北，故有「東非十字架」稱號，是古人類
（300 萬年前）發源地，內有非洲第二高峰——肯亞山 (5,199m)，大
草原、森林已闢國家公園，有野牛、大象等大型動物，每年九月有動
物大遷移（Animal migration），萬分壯觀。
首都奈洛比是東非最繁華都市，有「東非倫敦」之稱，位於市中心的
肯亞塔國際會議中心是最雄偉建築（圖 E68），肯亞東南部的蒙巴薩

（圖 E66）是第二大都市，也是最大港口。

肯亞是以農牧立國，相關人口占七成以上，主要作物有茶（世界第三大）、咖啡、棉花，牧業有牛、羊、駱駝。

肯亞在 16 世紀葡萄牙人入侵，1890 年被成為英國殖民地，在 20 世紀中期人民武裝起義，直到 1963 年才宣布獨立，肯雅塔就任首任總統，到了 1978 年肯雅塔逝世，由副總統丹尼爾・莫伊 (Daniel Moi) 接任，任期 1978 至 2003 年，長達 24 年，所有鈔票正面都是他的肖像（圖 E75），其政績不佳，當 2003 年卸任，鈔票改為首位總統肯雅塔（見圖 E65、E67、E69、E71、E73），而背面幾乎與以前相同。舊有紙鈔的 10 元、20 元則改為輔幣，不過在 20 元舊鈔強調肯亞長跑或馬拉松健將（圖 E76），在近年世界馬拉松排名盡是肯亞天下，為何肯亞在長跑有優勢呢？原因是 1. 運動員來自貧窮農村，沒有交通工具，到哪裡都是跑步。2. 因窮，吃不起肉食只吃雜糧，適合長跑新陳代謝。3. 肯亞是高原，在含氧低處奔跑，心肺功能加強。4. 肯亞名言「要致富，就跑步」，比賽獎金可改善生活，選手玩命訓練。5. 東非是大草原（非熱帶雨林）可盡情地奔跑。

❦ 圖 E75 50 先令正面

❦ 圖 E76 20 先令背面

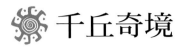

千丘奇境

盧安達
Rwanda

⑤ ⑩ 50 100

面積： 2.6萬平方公里

人口： 約1,294萬人(2021年)

首都： 吉佳利(Kigali)

幣值： 盧安達法郎(Franc)
　　　　1美元≒757F

綠色象徵繁榮的希望及國家資源，黃色代表安居樂業，藍色代表經濟發展。太陽有二十四道光芒，代表國家新希望。

　　以前的國旗也採用三等分直條的紅、黃、綠非洲三色（如幾內亞），在黃色部分加「R」表示盧安達 (Rwanda) 的第一個字母，2001 年改為當今國旗。盧安達是一農牧國家，人口占全國九成，1994年曾發生嚴重種族衝突，源自 10% 的圖西族統治90% 的胡圖族，造成無數難民。

❧ 圖 E77 100 法郎正面

當地的農耕情景（圖 E77）。

農牧業人口占全國的百分之九十，但是糧食仍仰賴進口，被聯合國列入世界最不發達國家之一，鈔票上是傳統農業的農耕景象。人民以香蕉、樹薯、玉米為主食，咖啡及茶葉為出口大宗。

❧ 圖 E78 100 法郎背面

基伍湖 (Lake Kivu, 圖 E78)。

盧安達境內最大的淡水湖，是旅遊著名景點，有「小地中海」之稱，湖內千島，高聳山峰，雲霧繚繞，湖水相映，景色如畫。且蘊含大量的天然氣，盧安達最好的咖啡豆種在 Kivu 湖附近，酸度高，香味怡人。

✤ 圖 E79 500 法郎正面

盧安達國家銀行（圖 E79）。

✤ 圖 E80 500 法郎背面

盧安達的茶葉出口為大宗，圖為農夫們採茶的情形（圖 E80）。

盧安達又稱「千丘之國」，高海拔及火山土的自然條件，所以茶葉品質很好（以紅茶為主）。

✤ 圖 E81 1,000 法郎正面

盧安達飯店 (Hotel Rwanda，圖 E81)。

曾在 1994 年盧安達內戰時期〔盧安達境內胡圖人 (Hutu) 攻擊圖西人 (Tutsi)〕，一名飯店老闆保羅不顧自己安危，收容上千名無助難民的感人落淚故事，曾拍攝成感人肺腑的電影，現為國家博物館。

✤ 圖 E82 1,000 法郎背面

草原的珍稀動物──金絲猴（圖 E82），手臂展開達七呎，還有長長尾巴，廣泛分布在盧安達山林深處，依地域之不同，體格及毛色均有差異。

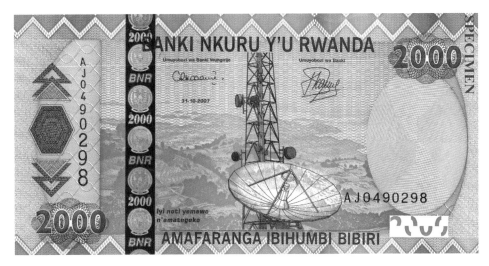

❖ 圖 E83 2,000 法郎正面

盧安達已擁有衛星接收天線和微波塔（圖 E83），與世界資訊同步。

❖ 圖 E84 2,000 法郎背面

盧安達最重要經濟作物──咖啡豆（圖 E84）。

盧安達擁有得天獨厚的阿拉比卡咖啡種植條件（土壤、溫度、雨量），味道與眾不同，在國際市場很受歡迎。

❖ 圖 E85 5,000 法郎正面

山大猩猩 (Mountain Gorillas, 圖 E85) 是世界珍稀動物。
被發現的區域分布在盧安達和烏干達的森林生態系。他們的食物以根、
草本葉子、藤為主。牠們生性害羞，成年的公猩猩是領導和保護者，保
護母猩猩和子孫。在面臨危險時，會拍打牠胸口以警告牠的族群。

❖ 圖 E86 5,000 法郎背面

盧安達傳統農具──草編籃（圖 E86）。

一鈔一世界

盧安達（Rwanda，中國大陸譯名盧旺達）是非洲東部內陸小國，全
境多山，有「千丘之國」之稱，雖赤道經過，因海拔較高，大部分地
區涼爽溫和，適合茶、咖啡和香蕉生長，盧安達是傳統農業國，農業
人口占九成以上。

基伍湖位於盧安達境內，是東非大裂谷的斷層湖，湖深清澈，風光怡
人，又有卡蓋拉國家公園，動物種類繁多，有大猩猩、金絲猴、大象、
獅子、河馬等，此二處都是盧安達旅遊勝地。

盧安達自 1962 年獨立，然而少數的圖西族 (14%) 與多數胡圖族 (85%) 之間流血衝突不斷，與蒲隆地狀況是一樣的，後來有盧安達飯店 (Hotel Rwanda) 事件並搬上銀幕。《盧安達飯店》由真人真事改編，敘述在盧安達內戰期間，一名飯店經理不顧個人安危，冒險搶救上千名無助難民的感人故事，主角保羅（飯店經理）與歐美政軍界有所交好，他本身是胡圖人，妻子是圖西人，為避免此一浩劫，安排眾人避難飯店，求救無門，絕望之餘，自力救濟，運用其外交手腕和人脈、錢脈，尋求資源和庇護，冒險強救難民。這段感人劇情拍成電影，觀眾不禁落淚本片，還獲金球獎、奧斯卡金像獎的最佳影片、最佳男主角。

盧安達的種族衝突直到 1995 年局勢才穩定下來，但經濟崩潰，財政枯竭，新政府推行一系列改革措施，進入千禧年後重建已見成效，在 2013 年底起將陸續推出新鈔，現有 500 元問世，正面是乳牛（圖 E87），代表農牧之轉型，背面是學生操作簡易型 OLPC XO-1 美金百元電腦（圖 E88），讓學生能力升級。

✿ 圖 E87 500 法郎正面
鈔票上是乳牛（圖 E87），代表當地農牧轉型。

✿ 圖 E88 500 法郎背面
當地學生操作電腦（圖 E88）。

 珍禽之島

塞席爾
Seychelles

⑤ ⑩ 50 100

面積：457平方公里
人口：約9.8萬人(2020年)
首都：維多利亞港(Victoria)
幣值：塞席爾盧比(SCR)
　　　　1美元≒13SR

藍色是天空與海洋，黃色是太陽，紅色是奮鬥與團結，白色象徵正義與和諧，綠色表示大地與農林。五種顏色如放射狀的設計，象徵年輕有活力，迎向美好未來，用色之多，僅次南非及南蘇丹六色。

　　塞席爾為印度洋西南部的群島國家，總面積四百四十五平方公里，人口八萬人，是非洲最小的國家，是著名的「烏龜王國」，棲息碩大的旱龜。

　　在非洲國家中，一項人類發展指數（HDI）名列第二，僅次模里西斯。

✤ 圖 E89 10 盧比正面

中間一棵挺拔的海椰子樹（圖 E89），象徵該島國的農作物。左側一隻黑點炸彈魚圖案，象徵豐富的海產資源。

左上方國徽之上是一隻熱帶鳥，為塞席爾所獨有。兩側的旗魚是該國的特產，象徵人民強悍和勇敢的性格。底端的綬帶上用拉丁文寫著一句格言，意為「事竟功成」。

註：◎黑砲彈魚 (Black Spotted Trigger Fish)
黑砲彈魚分布在印度洋的珊瑚礁海域，因形狀像砲彈而得名，屬魨魚類科，肉質細緻，可以食用、可以觀賞。

◎海椰子 (Coco-de-mer palm)
海椰子是塞席爾的象徵，也是世界上體積最大、最重的椰子，它們的生長周期極長，一旦掉到地上，要 2 至 3 個月才發芽，即使發芽也要 15 年後才開始長出樹幹，然後 15 至 25 年才達到成熟期，一個海椰子起碼要近半世紀的時間才真正成熟，每個都超過 50 公斤。海椰子是塞國靈魂的象徵，非常珍貴。

♣ 圖 E90 10 盧比背面

海椰子（雌性，圖 E90 左下側）最令人稱奇的是它的外形，雌性的海椰子很像女性性器官與臀部間的位置，觸感粗糙。雄性則像一棵樹幹，外形及長度與男性的性器官甚為相似，十分有趣。它成長、開花、結果要很長時間，海椰子樹的壽命一般可達 200 至 400 年。

中間的白燕鷗 (Fairy Terns) 全身都是全白的羽毛，以其全黑喙部為特色。活動範圍遍及太平洋、印度洋，而在大西洋的某些海島上也可發現牠們築巢的蹤跡。

右下側的玳瑁海龜 (hawksbill turtle) 是棲居水域四種海龜之一，其餘分別為綠海龜、棱皮龜和太平洋麗龜。玳瑁的分布範圍遍及太平洋、大西洋、 印度洋及地中海等地之熱帶沿岸水域，成熟的玳瑁通常重 40 至 60 公斤，身長不足一公尺，主要以進食海綿、海洋植物和甲殼類動物為生。它還是珍貴的中藥材。

♣ 圖 E91 25 盧比正面

左上側為國徽（圖 E91，詳見圖 E89 說明）。

左下側的獅子魚 (Pterois Volitans) 也就是魔鬼魚，它的胸鰭、背鰭、臀鰭等的鰭條特別延長，當它在游泳或停棲水中時，這些鰭條都會張開，十分威武。像雄獅的鬃毛豎起，威風八面。

中間是白梔子花 (Wrights Gardenia)，塞席爾群島位於接近赤道的熱帶地區，因此植物種類繁多。梔子花被譽為最能代表塞席爾的一個花種。

✤ 圖 E92 25 盧比背面

左側是三隻鳥紀念館（圖 E92），為紀念法國殖民塞席爾 200 週年而造的紀念館，館外有「三隻鳥」的藝術雕塑，象徵來自歐亞非三大洲的塞席爾民族淵源，沒有種族歧視，和平共存。

中間的椰子蟹 (Coconut Crab) 是一種熱帶西太平洋海濱十分奇特的甲殼類，出沒於海岸林間，善於攀爬筆直椰子樹而得名，牠屬於寄居蟹類，但已經演化成為不需要背著貝殼活動，由於體型碩大，行動遲緩，再加上人類很容易到達牠們的棲息地，因此常常成為捕食的對象。由於牠們很容易遭到人類濫捕而滅亡，椰子蟹在世界上的族群已經愈來愈少了，因此「國際保育公約」將它列名為瀕臨絕種的無脊椎動物。

右側是塞席爾藍鴿 (Blue pigeon)，這種鳥類只會出現於西南印度洋的熱帶海島上，而且大多數集中在馬達加斯加。藍色的羽毛在鴿類中是一種相當稀有的顏色，配上銀白色的頸部羽毛，被譽為塞席爾美麗的鳥類之一。

❖ 圖 E93 50 盧比正面

左上側為國徽（圖 E93，詳見圖 E89 說明）。

左下側是天使魚 (Angel fish)，這是麗魚的一種，可說是熱帶魚的代表魚類。背鰭和腹鰭很長，極像天使展開的翅膀。原產地為南美的亞馬遜河，現在其他地方已很容易看到，但在原產地反而不容易看到了。以鮮豔色彩著稱，是觀賞魚類。

中間的蜘蛛蘭 (Spider Orchid) 是遍布於馬達加斯加的蘭花物種，最早起源於塞席爾群島，至今也可在塞國廣泛發現。熱帶地區蒸散作用發達，其中空的莖鬚垂吊，以便吸取空氣中的水分。花開似蜘蛛伸展而得名。

❖ 圖 E94 50 盧比背面

左側是鐘塔（圖 E94），由於塞國曾經被英國統治，1930 年仿效倫敦下議院的「大笨鐘」蓋的鐘樓。中間的黃鰭金槍魚 (Yellow Fin Tune) 體背藍黑、腹部銀白色，第二背鰭、臀鰭及各離鰭均為鮮黃色，是最明顯的特徵，體型瘦長流線型，因此名為黃鰭金槍魚。廣泛分布於三大洋之熱帶、亞熱帶海域，約為南、北緯 40 度間之海域。一般體長約 150 公分。其棲息溫度範圍在 18~31℃之間，是當地人常用來煎烤的食物。

右側是褐鵜鶘（Pelecanus occidentalis）是鵜鶘類最小的一種，不能飛行的鳥。

✤ 圖 E95 100 盧比正面

左上側為國徽（圖 E95，詳見圖 E89 說明）。

中間為豬籠草 (Pitcher Plant)，又名瓶中草，是附生植物、攀援狀的亞灌木。豬籠草一般高不及一米。葉片橢圓形。葉片的頂端連接著向下彎曲的捲鬚，在捲鬚的頂端有一捕蟲囊。捕蟲囊圓筒形，下半部稍膨大，有些像豬籠，故稱豬籠草。依靠捕捉昆蟲維生的食蟲植物。

左側為旗魚 (Sailfish)，芭蕉旗魚又名巴奔魚，是名副其實擁有很多像芭蕉葉的背鰭的旗魚，背鰭豎在海面上游泳的樣子，看起來就像一艘船豎起帆張起旗一樣。

✤ 圖 E96 100 盧比背面

左側是迪克島海岸（圖 E96），迪克島的 Anse Source d'Argent 海灘，有著形態特殊的花崗岩石。

中間的灰燕鷗 (Birdled tern) 屬於鷗科，牠們和海鷗是近親。牠們的嘴尖長，長度與頭部相當，身體修長，腳較短，尾羽尖長分叉，像燕子一樣，這些特點令牠們飛行得很快，多在鳥島（普拉蘭島）上。

右側的巨型龜 (Giant Tortoise) 是塞席爾的特產，又稱大旱龜，是全世界體積第二大的陸地龜，四肢粗壯笨重，走來懶懶散散的，在塞席爾數量達 10 多萬，是世界之冠，其中在鳥島 (Bird Island) 的一隻名為 Esmeralda 巨龜，年齡已超過 150 歲，打破了金氏世界紀錄。

❀ 圖 E97 500 盧比正面

左上側為國徽（圖 E97，詳見圖 E89 說明）。

中間是塞席爾海椰子(Coco-de-mer palm)，每個都有十幾公斤被稱「樹中大象」，也分雌雄兩種。墨綠色的果實，雄椰子樹的果實呈長棒形，而雌椰子樹的果實呈骨盆形。

左下側是天使魚，是麗魚的一種，可說是熱帶魚的代表魚類。背鰭和腹鰭很長，極像天使展開的翅膀。原產地為南美的亞馬遜河，現在在其他地方很容易看到，但在原產地反而不容易看到了。

左上側為劍魚 (Swordfish)，其嘴尖長，有如利劍而得名。

❀ 圖 E98 500 盧比背面

左側是塞席爾中央銀行大樓（圖 E98）。

中間是捕魚人和他的收穫，塞席爾為海島型國家，因此農業並不發達。而天然形成的海港使得塞國發展漁業。捕魚人代表著漁獲豐足。

右側是塞席爾貓頭鷹 (Seychelles Scops Owl)，夜行性猛禽，視力超佳。下面分兩個科，鴟鴞科和草鴞科，屬於鴟鴞科的貓頭鷹大約有 167 種，屬於草鴞科的貓頭鷹有 14 種。吃食壁虎、樹蛙為生。

一鈔一世界

塞席爾（Seychelles，大陸譯名為塞舌爾）位於東非印度洋西南的小小群島，是非洲最小國家，位於歐、亞、非三大洲之中心地帶，1759年被法國占領，為紀念法國國王路易 15 世時代的一位傑出央行總裁——塞席爾 (Des Sechelles)，以其人命名，有點像台灣的彭淮南吧！1814 年成英殖民地，1976 年宣告獨立。因四面環海，漁業是經濟的支柱，由於氣候溫和，風光明媚，在世界十大旅遊點名列第三，旅遊業被稱為當地第一產業。

在塞席爾隨處可見各種珍奇熱帶植物，如海椰樹、鳳尾蘭、火焰樹、旅人蕉、瓶子草及罕見海蝥草，此海島被稱「植物奇地」，其中最奇特、最珍貴要數海椰樹，高 30 公尺雌雄異株，連果實亦有公母之分，此樹成長慢，結果亦慢，被視為國樹。

塞席爾一向是各種鳥類棲息之地，常見百萬燕鷗飛臨，還有許多珍稀鳥類，如藍鴿、太陽鳥等，誠所謂鳥類世界。此外，塞席爾特產大旱龜（Giant Tortoise），世界第二大的陸地龜，可活上百歲。在與塞席爾同一緯度，相距數萬公里（印度洋西岸和太平洋東岸）厄瓜多爾西岸的加拉巴 (Galapagos) 群島，生存著世界最大陸龜 —— 象龜 (Galapagos tortoise)，超過 120 公分，體重達 250 公斤（圖 E99）。

✦ 圖 E99 象龜

1835 年英國達爾文在此島研究發表了物競天擇的物種起源《*On the Origin of species by Natural Selection*》一書，最長壽的動物不是陸龜，而是海龜，在香港的渣打銀行 20 元正面，有一龍首龜身的「龍龜」，在華人神話中大發利市的吉祥龜（圖 E100）。

塞席爾是一個美麗的海島國家，島上又分為四個群島，有豐富的魚群，以及野生動物。處處皆是天然植物所散發的香氣，令人感覺到在塞席爾呼吸是一種很愉悅的享受。如果塞席爾是人類的天堂，它更是動物的樂園，空氣及水質未受污染，人與鳥、魚、龜和平相處。希望能有機會到塞席爾的海邊走走，感受柔和的海風輕拂臉頰！

♣ 圖 E100 20 港幣

鈔票右側是龍龜（圖 E100）。

非洲之角

索馬利亞
Somalia

⑤ ⑩ 50 100

面積：63.8萬平方公里

人口：約1,176萬人(2020年)

首都：摩加迪休(Mogadishu)

幣值：索馬利亞先令(SOS)
　　　　1美元≒585.8 SOS

索馬利亞受聯合國協助而建國，採用了象徵世界和平的聯合國藍色作為國旗的底色。中央的五角星是自由與獨立的標誌，也代表五個地區。

　　索馬利亞位於非洲東部，又稱「非洲之角」，經濟以農牧為主，駱駝及香蕉為主要產物，內亂不斷，生產及設備遭受破壞，成為國際上有名的「海盜國」。為何會成為海盜溫床？不管哪個國家的船航行印度洋與地中海間都要經亞丁灣，正是索馬利亞海域，當地軍閥割據，人民貧困，挺而走險，當起盜賊強奪，把當海盜視為正式行業。

✤ 圖 E101 5 先令正面

非洲野牛（圖 E101）是群居動物，通常可達 500 到 2,000 頭，經常可以看到大群的野牛，躲在陰涼處或是浸泡在水裡，是非洲最危險的動物之一，只有年老或是受了傷的野牛才會落單。牛群中最強壯的母牛會成為族群的領袖，統領牛群，並享有吃最好草糧的權利。

左上方為國徽，盾面上是索馬利亞國旗。國徽上端有一頂王冠，象徵獨立，兩側各有一隻索馬利亞豹，象徵著威嚴、勇敢、堅強和力量。盾徽下方交叉著兩枝矛和兩片棕櫚葉，還飾有一條綬帶。

✤ 圖 E102 5 先令背面

鈔票上為蕉農在香蕉園工作的情形（圖 E102），香蕉是索馬利亞主要的農產品。索馬利亞自獨立以後，在南部，靠近熱帶雨林氣候的地方種植，香蕉的產量大為增加，義大利是其主要市場。

❖ 圖 E103 20 先令正面

位於索馬利亞首都摩加迪休的中央銀行（圖 E103）。

❖ 圖 E104 20 先令背面

鈔票上是索馬利亞牛群（圖 E104）。

索馬利亞是一個以畜牧業為主的國家，畜牧業為其主要經濟支柱。畜牧業的產值約占國內生產總值的 40%。主要養殖牛、羊、駱駝。因其特性和使用價值，在索馬利亞人的生活中占有十分重要的地位。

✤ 圖 E105 50 先令正面

哈馬溫古城 (Hammawein Old Town, 圖 E105) 遺跡。
由於戰爭的關係，導致哈馬溫古城的毀壞，至今已成為廢墟。

✤ 圖 E106 50 先令背面

索馬利亞的水資源（圖 E106）。
索馬利亞的水資源以河水為主。境內主要的河流夏柏雷河 (WebeShebele)，每年二、三月時經常處於乾枯無水的狀態，但在其他季節時帶來的水量，仍提供了摩加迪休週遭地區足夠的灌溉用水，而此鈔票圖案顯示著索馬利亞游牧人在河邊將水填裝至他們的容器中，藉由駱駝運送。

✤ 圖 E107 100 先令正面

達卡斯托民族女英雄紀念碑 (Dagax Tur monument，圖 E107)。

✤ 圖 E108 100 先令背面

索馬利亞的加工業女作業員（圖 E108）。
索國經濟落後，工業有製糖、製革、肉類加工、魚罐頭、紡織、木材。

❖ 圖 E109 500 先令正面

左側是編織漁網的漁民（圖 E109），其下有大龍蝦，中間是傳統的捕撈。

索馬利亞擁有非洲最長的海岸線，土地凸出於東北非，面臨印度洋，有「非洲之角」之稱。漁業資源豐富。但因捕撈方式落後，市場銷量不大等因素限制，目前年捕撈量不多。由於索馬利亞沒有強而有力的中央政府，外國漁船在索國領海偷捕的情況嚴重。

❖ 圖 E110 500 先令背面

索馬利亞的法克爾亞丁清真寺（圖 E110），建於 1260 年，也近 800 年歷史，因阿拉伯人及波斯人來此貿易，伊斯蘭教隨之傳入，為當地居民所信奉。

✤ 圖 E111 1,000 先令正面

索馬利亞婦女以天然植物編織籃子（圖 E111）等日常生活中的儲物器具，這是索馬利亞國內傳統的手工藝。

✤ 圖 E112 1,000 先令背面

在世界銀行的協助下，索馬利亞的首都摩加迪修啟用一個新的深水港，鈔票圖案可見碼頭及周邊建築（圖 E112）。

一鈔
一世界

索馬利亞（Somalia，中國大陸譯名索馬里）位於非洲東部半島上，凸出在印度洋與亞丁灣，世稱「非洲之角」，海岸線長，是非洲之最，漁業資源豐富，在 19 世紀，索馬利亞北部、南部分屬英、義，1960 年分別獨立而合併成立共和國，經濟以畜牧業為主，養殖牛、羊、駱駝，農作物有香蕉、高粱、玉米、棉花。工業尚停留在手工業及農牧加工業。

索馬利亞首都摩加迪修 (Mogadishu) 在東南部的印度洋海岸上，是最大港口城市，有清真寺多處，表現古建築風貌。

索馬利亞獨立後，內亂不斷，軍閥各據山頭，形成無政府狀態，長長海岸線，海盜猖獗，加上長期乾旱，百萬人離鄉背井，形成無政府狀態，自 1987 年發行 10 先令（現在仍在使用）至 1990 年的 1000 先令，迄今已多年都沒發行新鈔（一般國家 10~15 年），1991 年 5 月北方地區（原英屬）宣布獨立成立索馬利蘭（Somaliland）共和國，自行發行鈔票有 5、10、20、50、100、500、1,000、5,000 八種（見圖 E113~E120），該政權不獲國際承認，但實際保存了穩定的存續，歷史上的英國關係打下良好經濟基礎，收集全套索馬利蘭鈔票也頗費苦心。

❀ 圖 E113 5 元

❀ 圖 E114 10 元

✤ 圖 E115 20 元

✤ 圖 E116 50 元

✤ 圖 E117 100 元

✤ 圖 E118 500 元

✤ 圖 E119 1,000 元

✤ 圖 E120 5,000 元

 丁香帝國

坦尚尼亞
Tanzania

(5) (10) [50] [100]

面積：94.7萬平方公里

人口：約5,000萬人

首都：杜篤馬(Dodoma)

幣值：坦幣(T. Shilling, TZS)

　　　1美元≒2,292.98 TZS

綠色代表國土與農業，黃色代表礦物資源，黑色代表非洲人本色，在此發現最早的人種，藍色則代表印度洋。

　　有非洲最高峰吉力馬札羅山，山頂終年冰雪，並有東非大裂谷經過本區。此處曾出土最早的人類化石（人類起源地）。坦尚尼亞礦業資源為非洲第四，主要是鑽石、鐵，農業有咖啡、茶、棉花、丁香，另有數個國家公園，在冬夏可見有名的動物大遷徙。

✤ 圖 E121 500 先令正面

坦尚尼亞 1964 年 4 月 26 日獨立，首任總統是阿貝德·卡魯姆 (Abeld
Karume, 1905~1972，圖 E121)。

左上側是國徽（每張皆有之），中央的盾面最上面的火炬比喻點亮了自由與希
望的火種；藍色的波紋是印度洋的海水及境內的湖泊。山峰兩旁的咖啡和棉花，
代表國家欣欣向榮的農業生產。

✤ 圖 E122 500 先令背面

達累斯薩拉姆大學醫學院 (University of Dar Es Salaam，圖 E122)。

這是坦尚尼亞最重點大學，醫學院中的恩克魯瑪大廳 (Nhruman Hall) 是非洲最具水準的醫學報
告廳，此廳係紀念西非的迦納第一任總統克魯米·恩克魯瑪，非洲大部份地區氣候燠熱、蚊蠅
漫天、衛生欠佳，酗酒、瘧疾、昏睡、象腳病、愛滋病最為嚴重，俗稱「非洲病」。醫學院左側
有一枝蛇杖，希臘神話中醫神阿斯科勒比俄斯 (Asklepios) 就是手持蛇杖，蛇會脫皮重生，代表
除舊布新，以及蛇銜藥草醫病的神話，右側有醫學院畢業生即將行醫。

❖ 圖 E123 1,000 先令正面

坦尚尼亞總統朱利葉斯‧尼雷爾 (Julius k. Nyerere, 1922~1999, 圖 E123)。

坦尚尼亞有一百多種本土語言，要選一種來做為官方語言實在困難，他們又不甘繼續用殖民者的英語作唯一的官方語言。Julius k. Nyerere 選定 Swahili 作為國語。Swahili 一向是獨立運動所使用的語言。

❖ 圖 E124 1,000 先令背面

此建築原為英國殖民總督 Sir Horace Byatt 的官邸（圖 E124），1964 年建國，改為坦尚尼亞的總統府。

✤ 圖 E125 2,000 先令正面

鈔票上為非洲雄獅 (African Lion, 圖 E125)。

非洲獅子幾乎白天都在休息，傍晚才出外找尋獵物，狩獵工作以雌獅為主，採合作方式進行。獅子在野外生活棲息的環境，一般是開闊的草原或疏林的邊緣。獅子不像老虎那樣要求水源豐富的環境，也不像老虎那樣經常出沒於叢林之中。獅子不會爬樹，也不會游泳。獅子喜歡群居，常常是一雄數雌和幾頭幼獸組成一個小的群體。是「非洲五霸」之一。

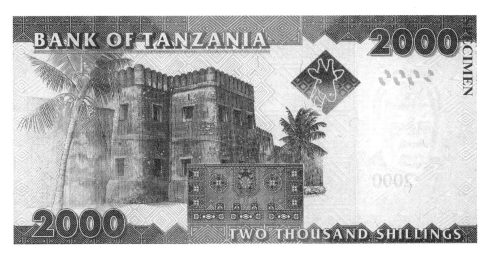

✤ 圖 E126 2,000 先令背面

鈔票上是桑給巴爾石頭城（圖 E126）。

阿拉伯人早期到坦尚尼亞的桑給巴爾 (Zanzibar) 經商時所建造的珊瑚石城牆，雖已逾千年，但保存相當完整，內有市集、清真寺、阿拉伯式房屋，匯集不同文化。在 19 世紀是香料貿易及奴隸交易中心，於 2000 年列入世界文化遺產。

❧ 圖 E127 5,000 先令正面

黑犀牛 (Black Rhinoceros, 圖 E127) 生性愛孤獨，但帶有子女的或是交配期間也會結伴同行。黑犀牛的視力十分差，但是聽覺和嗅覺敏銳，還跟大象一樣能嗅出水源所在。黑犀牛是素食動物，脾氣暴躁，是「非洲五霸」之一 (南非 10 蘭特背面是白犀牛，圖 S137)。

❧ 圖 E128 5,000 先令背面

姍萬札採礦場（圖 E128）主要礦產有金、煤、鐵、磷酸鹽等，坦尚尼亞礦產資源相當豐富。但也常被指摘有童工及礦災問題。

❖ 圖 E129 10,000 先令正面

鈔票上是非洲象 (African elephant, 圖 E129)。

在非洲原野上，大象被認為是最危險的動物之一。大象不只是群居動物，而且有自己的社會架構，由一頭首領母象帶領。成年雄象除了在交配期，都會被驅逐出象群，交配時期雄象會表現得很具有攻擊性，以擊敗對手取得交配機會，是「非洲五霸」之一。

❖ 圖 E130 10,000 先令背面

鈔票上的建築物為中央銀行（圖 E130）。

坦尚尼亞（Tanzania，中國大陸譯名坦桑尼亞）列為野生動物最多的國家，每年到了九月有上百萬隻的牛羚及數十萬的斑馬、瞪羚，在賽倫蓋提動物大遷徙（The Serengeti Tanzania），吸引了大批的觀光客，蔚為壯觀的景象不只是動物遷徙而已，還可觀賞「非洲五霸」——大象、獅子、犀牛、獵豹及野牛，在鈔票出現前三種，在 2,000 元舊鈔（圖 E131）正面裡的雄獅背後有非洲第一高峰（吉力馬札羅山，5,895 公尺）也是世界上最高的獨立式山，1987 年登錄世界自然遺產，萬獸之王與群峰之首，相得益彰，但在新版不見了。

坦尚尼亞出了新版鈔票，除 500 元正面的非洲野牛改成首任總統，其餘圖像有變化，但內容一致。新版採用了 Motion 安全線和 Spart 光變油墨兩項高端防偽技術，著實不易。

在鈔票背面有思古幽情的古蹟，也有領先非洲的醫學院、中央銀行及總統府，都是坦尚尼亞的代表建築，坦尚尼亞是礦產資源豐富的國家，也有「丁香王國」稱號，是名貴之香料。

坦尚尼亞是古人類的發源地，而漸漸分散至世界各地去生息、繁殖，為歷史長河寫上壯麗的一頁。

新版的鈔票由原來「一人物加四動物」改成「二人物加三動物」人獸混雜的模式，很多人不以為然。

✿ 圖 E131 舊鈔 2,000 先令

鈔票上為雄獅與吉力馬札羅山（圖 E131）。

 非洲明珠

烏干達
Uganda

⑤ ⑩ 50 100

面積：24.1萬平方公里

人口：約4,574萬人(2020年)

首都：康培拉(Kampala)

幣值：烏干達先令(Shilling)
　　　　1美元≒3,667.93UGX

黑色是黑人本色，黃色是黎明的陽光和希望（多次政變，近漸穩定），紅色是自由獨立的象徵及同胞愛，冠鶴是國鳥。

　　烏干達早期在阿敏總統的專制統治及後來連年征戰，經濟發展遲緩，人民平均壽命短。境內有名的維多利亞湖，有漁業及水利資源。三大外匯來源為咖啡、棉花、旅遊。

❖ 圖 E132 1,000 先令正面

Nyero 的岩洞（圖 E132）有珍貴的壁畫，使烏干達歷史能追溯遠古時代。

背景是薩凡納草原 (Savannah grasslands) 孕育許多動物。

中間上方有國徽（每張皆有），是由盾牌、羚羊與冠鶴所組成。冠鶴被奉為國鳥，因頭頂金絲羽毛故名「冠鶴」，形態優雅，長壽禽類。

❖ 圖 E133 1,000 先令背面

最右側為首都坎帕拉的獨立紀念碑 (Independce Monument in Kampala, 圖 E133)，紀念 1962 年脫離英國統治而獨立（每張背面皆有）。

中有烏干達領土之輪廓及著名的赤羚（或稱紫羚羊 Uganda Kob），每年會進行大規模遷移，在國徽上可看到赤羚的身影。

✤ 圖 E134 2,000 先令正面

左側為尼羅河源頭 (The source of Nile) 紀念碑。

背景為維多利亞湖（非洲最大湖、世界第二大湖，周圍國家是坦尚尼亞、盧安達、肯亞、南蘇丹、剛果民主國及烏干達）。

✤ 圖 E135 2,000 先令背面

背景有烏干達領土輪廓及非洲鯽魚〔又名羅非魚 (tiapia), 圖 W135〕在水中暢游，烏干達被稱高原水鄉，漁產豐富。

✤ 圖 E136 5,000 先令正面

左側有座二戰紀念碑（圖 E136），上面寫著「1939 烏干達 1945，紀念我們偉大的犧牲」(1939 Uganda 1945 ,In memory of Our Glorious Dead)。

背景是烏干達第一高峰瑪格麗塔峰（Margherita Peak）高 5109 公尺，在非洲排行第三，僅次於坦尚尼亞的吉力馬札羅山及肯亞的肯亞山，此區闢為魯文佐里國家公園，湖光山水，風景秀麗。1994 年列入世界自然遺產。

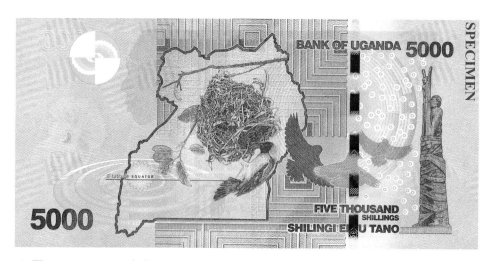

✤ 圖 E137 5,000 先令背面

背景是烏干達領土之輪廓及織布鳥（Weaver Bird, 圖 E137）及其鳥巢，它能編織巨大巢穴，建築十分牢固，甚至世代相傳。

✤ 圖 E138 10,000 先令正面

左側是成功紀念碑（父子眺望，圖 E138）。
背景為西比瀑布 (Sipi Falls)。

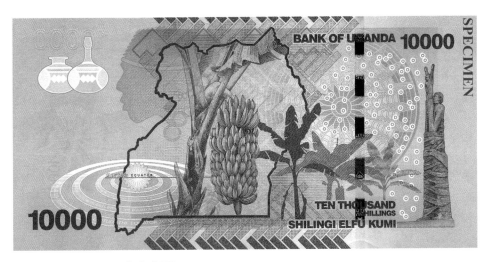

✤ 圖 E139 10,000 先令背面

背景為烏干達領土之輪廓（圖 E139）。
烏干達國宴主菜馬托基 (Matooke) 是一種香蕉飯：待客不離香蕉；客人入屋送上香蕉與高粱發酵的「香蕉汁」，再奉上烤熱的香蕉點心，正餐則是「馬托基」的香蕉飯──香蕉、紅豆、花生、雞塊、牛肉搗成泥，號稱世界最好吃的飯。

❧ 圖 E140 20,000 先令正面

左側是首都坎帕拉建都百年紀念碑（圖 E140）。
背景為恩達利 · 克雷特湖 (Ndali Crater Lake)。

❧ 圖 E141 20,000 先令背面

最右端是位於首都坎帕拉的獨立紀念碑（圖 E141）。
背景是烏干達領土之輪廓及長角牛 (Long-borned bull)，其角挺拔粗壯。

✤ 圖 E142 50,000 先令正面

2007 年大英國協政府首腦會議 (CHOGH) 在烏干達召開時，建造的跨越紀念碑 (Stride Monument, 圖 E142)。

雕塑一家三口邁步向前，表達大英國協成員親若一家人。

背景是布溫迪熱帶雨林 (Bwindi tropiral rain forest)。

✤ 圖 E143 50,000 先令背面

背景為烏干達領土之輪廓及銀背大猩猩 (Siverback Gorill, 圖 E143)，給人強烈視覺衝擊。

大猩猩的毛刻畫得很細膩，有膨鬆感覺，背景是母猩猩帶著小猩猩的溫馨畫面。

這種大猩猩世界上僅有 600 多隻，一半左右在烏干達的布溫迪 (Bwindi) 國家公園，這裡也有豐富的動物群落，1994 年列入世界自然遺產。

一鈔
一世界

烏干達（Uganda，中國大陸譯名相同）是東非高原內陸國，赤道橫貫全境，氣候宜人，水力充沛，湖河密布，境內風景旖旎，邱吉爾至此讚嘆「非洲明珠」，所以在鈔票正面的背景顯示大地風貌美麗景致，特殊的動植物也在紙幣上露了臉。

烏干達早期由數個封建王國分治，1894 年英國併入為殖民地，1897 年烏干達反英暴動，1962 年 10 月烏干達宣布獨立，奧波特 (Obote) 任總統，並為大英國協一員，定都坎帕拉，所以在鈔票看到各式紀念碑，代表其政治、歷史和文化。

現行烏干達鈔票，集人文及自然為一爐，配色深淺幽雅，可圈可點，引人入勝，國際紙幣協會 (IBNS) 每年都會選拔年度世界最佳紙幣，2010 年烏干達 50000 先令紙鈔在入圍 13 張鈔票中，脫穎而出，拔得頭籌，此獎被譽為紙幣的奧斯卡獎，以主題、描繪、設計、特徵、防偽及整體效果作為評鑑，名副其實，撼動人心，IBNS 評鑑世界最佳紙幣是從 2004 年開始。

轉個話題，烏干達首任總統奧波特出訪新加坡，武裝司令「阿敏」(Idi Amin) 政變，自任總統、大元帥，在位八年中，屠殺五十萬人，屍體常是不全，人人自危。阿敏身高 200 公分，體重 112 公斤，孔武有力，蟬聯重量級拳王九年，愛吃仇敵的血肉，揮霍無度，1978 年在鄰國坦尚尼亞流亡游擊隊反攻，阿敏軍隊節節敗退，在利比亞協助下，亡命沙烏地阿拉伯，2003 年病逝，享壽 78 歲。在烏干達舊鈔中，可找出「阿敏」的模樣（圖 E144）。

❖ 圖 E144 舊鈔

鈔票上為烏干達阿敏總統（圖 E144）。

第五篇 南部非洲
South Africa

- 南部非洲依地理習慣有下列諸國（依英文字母排序）：1.安哥拉(Angola)；2.波札那(Botswana)；3.葛摩(Comoros)；4.賴索托(Lesotho)；5.馬達加斯加(Madagascar)；6.馬拉威(Malawi)；7.模里西斯(Mauritus)；8.莫三比克(Mozambigue)；9.納米比亞(Namibia)；10.南非(South Africa)；11.史瓦帝尼(Eswatini)；12.尚比亞(Zambia)；13.辛巴威（Zimbabwe）共13國。

- 南部非洲過去是歐洲殖民地，經過千辛萬苦才獨立，但持續多年的內戰，也產生二個小王國——賴索托及史瓦帝尼，也有二個歐洲白人執政——南非及辛巴威，前者和平移轉黑人政權，辛巴威驅逐白人，缺乏管理經驗造成空前惡性通貨膨脹，很多領袖一旦掌權就長期執政，權力使人腐化。

- 南部非洲大部分是高原，地勢平坦，廣闊熱帶草原是斑馬、羚羊、長頸鹿、獅子、犀牛、野牛、大象等野生動物之家園，世界各地遊客紛紛造訪，徜徉在壯闊的風光之中，也有特殊珍稀的狐猴等。

- 南部非洲地下資源極為豐富，世界大多數的黃金、鑽石、鈾、銅等貴金屬都出自此區域，為了爭奪鑽石，還有「血鑽石」之說。

- 南部非洲有非洲最大、世界第二大的維多利亞瀑布，也有歷史悠久的「石頭城」，亦是歐亞航運必經之處，值得一探。

 春之國度

安哥拉
Angola

⑤ ⑩ 50 100

面積： 125萬平方公里
人口： 約3,287萬人(2020年)
首都： 魯安達(Luanda)
幣值： 匡撒(Ka, kwanza, AOA)
　　　 1美元≒217.6Kz

紅色代表人民浴血奮戰的鮮血，黑色是非洲本色，星星是社會主義的標誌。半個齒輪和一把柴刀組成的圖案，類似蘇聯國旗的鐮刀和鐵鎚，齒輪代表工人，柴刀代表農民，象徵農工大團結。

安哥拉是非洲最大葡萄牙語國家，長年戰亂，成為世界最不發達國家之一。近年開發石油、天然氣（產量世界第九）、礦產及森林，並積極振興觀光。

❖ 圖 S1 50 匡撒正面

❖ 圖 S2
100 匡
撒正面

❖ 圖 S3
200 匡
撒正面

✤ 圖 S4
500 匡
撒正面

✤ 圖 S5 1,000 匡撒正面

✤ 圖 S6 2,000 匡撒正面

❖ 圖 S7 5,000 匡撒正面

位在非洲西南方，面臨大西洋的安哥拉，自 16 世紀初期起，因葡萄牙人移居至此而進行奴隸貿易，曾將許多黑人送到巴西。1963 年，葡萄牙將安哥拉設為海外一州，當地居民形成 3 個民族解放戰線，並引發激烈的戰鬥，彼此爭戰達 15 年，到了 1975 年 11 月 11 日才獨立。

此系列鈔票上是兩任總統肖像（圖 S1~S7），右側為學醫出身的安東尼奧 · 阿戈斯蒂紐 · 內圖 (Antonio Agostinho Neto，總統任期 1975~1979 年)，因癌症逝世；左側為現任國家元首若澤 · 愛德華多 · 多斯桑托斯 (Jose Eduardo dos Santos) 是一位軍事強人（軍隊總司令），1979 年 9 月就任至今，已超過 36 年。

正面的背景運用大量的直線條和抽象的裝飾圖案，強化鈔票的現代感。

❖ 圖 S8 50 匡撒背面

比耶省 (Bie) 的庫恩巴瀑布 (Cuemba Falls, 圖 S8)。

✤ 圖 S9 100 匡撒背面

男寬札省 (Kwanza Sul) 的濱加瀑布 (Binga Falls, 圖 S9)。

✤ 圖 S10 200 匡撒背面

南隆達省 (Lunda Sul) 的訓普瀑布 (Thiumbue Falls, 圖 S10)。

✤ 圖 S11 500 匡撒背面

比耶省 (Bie) 的安度羅瀑布 (Andulo Falls, 圖 S11)。

❦ 圖 S12 1,000 匡撒背面

馬蘭熱省 (Malanje) 廣薩河上的卡蘭杜拉瀑布 (Kalandula Falls, 圖 S12)。
此瀑布長 410 公尺，高 105 公尺，是安哥拉最大瀑布，亦是非洲第二大瀑布，僅次維多利亞瀑
布（在辛巴威與尚比亞交界）。

❦ 圖 S13 2,000 匡撒背面

本戈省 (Bengo) 的丹德瀑布 (Dande Falls, 圖 S13)。

❦ 圖 S14 5,000 匡撒背面

馬蘭熱省 (Malanje) 廣薩河上的卡潘達大壩 (Kapanda Dam, 圖 S14)，發電量 520 百萬瓦特，為
安哥拉最大水利工程，由俄羅斯協建。當年俄羅斯及古巴支持安哥拉革命，並協蓋水壩以示聲援。

一鈔
一世界

安哥拉（Angola，中國大陸譯名同）位非洲西南部，19世紀末成為葡萄牙殖民地，稱葡屬西非，1975年結束統治，馬上發生內戰，蘇聯及古巴支持的安哥拉人民解放運動，與美國與南非支持的全安哥拉獨立民族聯盟血戰，1991年停火，由前者上台執政，旋戰火又起，直到2002年4月才結束，目前經濟狀況逐漸好轉。安哥拉土地肥沃，糧食可自足，擁有豐富石油及礦產，本可成為富有的國家，因內鬥使國家陷入窮途末路。

安哥拉國土都在高原上，加上熱帶雨林自然產生許多美麗瀑布景觀，成為新鈔主題，中西部的比耶 (Bie) 高原，海拔 1,500 ～ 2,000 公尺；西北部為馬蘭熱 (Malanje) 高原，海拔 1,000 公尺降至 500 公尺，東北部的隆達 (Lunda) 高原，海拔在 1,000 公尺以上。

安哥拉新版鈔票（2013年6月出齊）與舊版比較，正面雖然仍保留「雙頭像」──首任及現任總統，但背景底紋大幅更改更具現代感。而背面設計大幅翻修，舊版低額（1~100元，圖 S15~S19）以寫實手法出現農（棉花）、交通（公路）、牧（羊）、礦（石油）、商（銀行）為主軸，高額（200~1,000元，圖 S20~S22）為首都之海濱、棉花、咖啡採用高級之粉彩效果，二者之間強烈的不協調，而新版設計圍繞著一個特定主題──安哥拉境內有名的瀑布，也增加防偽措施，集鈔者對此新鈔評價甚高（採用俄羅斯新防偽的移動安全線，名稱 Mobile）。

✿ 圖 S15 1 匡撒舊鈔背面

✤ 圖 S16 5 匡撒舊鈔背面

✤ 圖 S17 10 匡撒舊鈔背面

✤ 圖 S18 50 匡撒舊鈔背面

✤ 圖 S19 100 匡撒舊鈔背面

✤ 圖 S20 200 匡撒舊鈔背面

✤ 圖 S21 500 匡撒舊鈔背面

✤ 圖 S22 1,000 匡撒舊鈔背面

 鑽石霸主

波札那
Botswana

⑤ ⑩ 50 100

面積：60萬平方公里
人口：約235萬人(2020年)
首都：嘉柏隆里(Gaborone)
幣值：普拉(Pula)
　　　　 1美元≒10.43Pula

國旗以淡藍色為底色，表示對水資源的重視，中間嵌一條黑色，黑色上下各鑲一條白色窄條，表示黑人和白人平等，在同一個藍天下共同為國家努力。

波札那出產鑽石，因是內陸國，都經南非出口。此外並有銅、鎳蘊藏，在非洲國民所得中算比較高檔。

國際權威旅遊指南〈Lonely Planet〉公布全球最佳旅遊國度，波札那奪榜首，也被評非洲信用風險最低的國家。

✤ 圖 S23 10 普拉
　　正面

伊恩·卡馬 (Ian Khama, 圖 S23)1954 年生，為波札那現任總統，2008 年就職，之前是軍隊總司令、副總統，其父（50 元 正面， 圖 S27）是第一任總統。

✤ 圖 S24 10 普拉背面

鈔票上是波札那國會大廈（圖 S24）。

✤ 圖 S25 20 普拉
　　正面

鈔票上是作曲家莫塞迪 (Kgalemang Motsete, 1900~1924， 圖 S25)，是波札那國歌的作曲者。國歌曲名：願貴土有福。

✤ 圖 S26 20 普拉背面

鈔票上是礦場外景（圖 S26）。

波札那利用豐沛的礦產資源，如銅、鎳、金、煤、鑽石、走自由經濟，吸引外資，加快經濟成長，國民所得達 1.8 萬美元以上，良好管理，穩健經營，被 IMF 推崇，不似其他非洲礦產國家貪污、戰亂之源。波札那被列為非洲最不腐敗的國家。

✤ 圖 S27 50 普拉正面

塞雷茨‧卡馬 (Secetse Khana, 1921~1980, 圖 S27)，是波札那政治家，也是開國元首（任期 1966~1980 年，蟬聯三任），他出生最大部落酋長家，赴南非、英國攻讀歷史及法律，1962 年創建民主黨，主張民主發展、自立、團結，1966 年獨立，出任首任總統，有「國父」尊稱，1980 年 7 月胃癌病逝，其長子（鈔票 10 元正面，圖 S23）為現任總統。

✤ 圖 S28 50 普拉背面

非洲魚鷹有著白頭的明顯特徵（圖 S28），主要分布在東南非洲的河濱或溼地，魚鷹顧名思義具有捉魚為食的習性，魚鷹捉魚是全身伸進水中捕捉。魚鷹天生具有特別厲害的喙，捉魚動作之俐落，如同老鷹捉小雞般地又快又準，習慣高踞枝頭，成為河岸風光的搶眼焦點，而且雄鷹在配偶死亡後不會再尋覓新對象，因此被視為情感堅貞的象徵。

背景為非洲最大的奧卡萬卡三角洲 (Okavango Delta) 景色。非洲最美濕地，育有為數眾多的動植物，引來各國觀光客，被選為非洲七大奇景。2014 年登錄世界自然遺產。

✤ 圖 S29 100 普拉正面

三位部落酋長自左至右為西貝里一世 (Sebele I)、巴圖恩一世 (Batheen I)、卡馬三世 (Khama III) 前往美國請求幫助獨立獲得支持，是建國三大功臣（圖 S29）。1966 年 9 月 30 日正式宣布獨立。

❀ 圖 S30 100 普拉背面

圖片為檢視鑽石的人（圖 S30），背後為鑽石礦，波札那盛產鑽石，鑽石與觀光是波札那兩大經濟來源，鑽石年產量居世界第一位被譽為「鑽石王國」，由國營企業 Debswana 50％及世界品牌 DeBears 50％共同開業。經南非輸出，占該國出口額八成。

❀ 圖 S31 200 普拉正面

一個戴眼鏡的媽媽，在教導兩個孩子的學習場面（圖 S31），圖案配上色調，顯得十分溫馨，該國識字率達七成，表現該國很重視家庭教育，接著是學校教育、社會教育，教育是國富民強的基礎。

✤ 圖 S32 200 普拉背面

原野上三隻斑馬（圖 S32）。
波札那建立大面積野生動物園，觀光業逐年興盛，外國遊客蜂擁而至。

一鈔
一世界

波札那（Botswana，中國大陸譯名博茨瓦納）是南部非洲之內陸國，1885 年淪為英國殖民地，1966 年 9 月獨立，經濟發展相當有成效，為非洲最不腐敗的國家及信用風險最低國家。很有趣的話題：歐洲的希臘江河日下，非洲的波札那卻欣欣向榮。比較之下，膚色、信仰、歷史都不是問題，什麼導致兩國經濟發展互異，那是波札那走市場經濟，希臘熱衷社會主義。

波札那礦產豐富，有銅、煤、金，1967 年發現鑽石礦大發利市，它與養牛、製造業為經濟三大支柱，養牛頭數居非洲首位，國徽中央就有一公牛頭。

波札那是非洲主要旅遊國，三分之一以上的國土劃為野生動物保護區，在此可觀賞成群的斑馬、大象、羚羊及專吃魚的鷹。

波札那出現總統父子檔，此情形在亞洲尤多，如我國的蔣中正與蔣經國、新加坡的李光耀及李顯龍、南韓的朴正熙與朴槿惠、北韓的金日成與金正日與金正恩、菲律賓的柯拉蓉‧艾奎諾與諾諾‧艾奎諾、印尼的蘇卡諾與梅加瓦蒂、敘利亞的哈菲茲‧阿薩德與阿莎爾‧阿薩德等等，在美國總統史上也出現二次：第二任約翰‧亞當斯與第六任約翰‧昆西亞當斯及第四十一任老布希與第四十三任小布希，但一起出現在鈔票上倒是少見。

 香料之島

葛摩
Comoros

⑤ ⑩ 50 100

面積：0.23萬平方公里

人口：約87萬人(2020年)

首都：莫洛尼(Moroni)

幣值：葛摩法郎(France)

1美元≒454KMF

綠色與弦月都是回教的象徵，四條橫條分別代表主要的四個島，也象徵資源（黃）、和平（白）、自由（紅）、希望（藍），四顆星也是代表四個島。

以前舊旗為綠底，中間有白色弦月及四星，旗右上角有「阿拉」，左下角有「穆罕默德」的阿拉伯文，2002年改用當今國旗。葛摩以農業維生，但糧食仍不足，資源有限，教育水平低，依賴外援。

❧ 圖 S33 500 法郎正面

狐猴 (lemur, 圖 S33)，是種原始的靈長動物，也是馬達加斯加的特產，種類還算多，全世界也只有馬達加斯加與附近島國葛摩有產。狐猴的鼻子短而尖，耳朵大而尖，眼睛很大，尾巴很長，呈弧形，像浣熊的尾巴。

在遠古時期，葛摩群島與馬達加斯加是連在一起的，所以二者之物種十分相似。

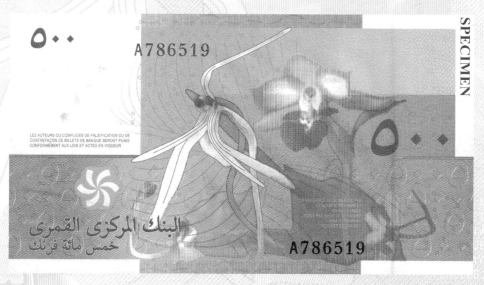

❧ 圖 S34 500 法郎背面

香子蘭（圖 S34），可提煉香料，大部分外銷歐美。

❖ 圖 S35 1,000 法郎正面

葛摩是由四個島嶼組成，有甚多魚種，鈔票上是茅尾魚 (Coelaeanth, 圖 S35)，又稱空棘魚，是魚類中最珍貴的活化石，生長在葛摩深海區，在白堊期已滅絕，直到 1938 年在葛摩附近海域被發現。

❖ 圖 S36 1,000 法郎背面

四面臨海，漁業相當發達，漁民捕魚方式十分特別，在葛摩特有獨木舟上戴著潛水鏡，彎著腰貼在海面，一手捕魚一手搖槳（圖 S36），功夫熟練。

❖ 圖 S37 2,000 法郎正面

葛摩無礦產，資源以農漁為主，採集至傳統市場銷售。

背景是首都莫洛尼 (Moroni, 圖 S37) 最大的星期五主麻清真寺，伊斯蘭教是葛摩國教，葛摩大多
接受阿拉伯文化，但法國文化也影響深遠。

❖ 圖 S38 2,000 法郎背面

葛摩是世界上最貧窮的國家之一，人民都住在傳統茅屋（圖 S38），從事農業、漁業及林業。

✤ 圖 S39 5,000 法郎正面

第一任總統賽義德 · 穆罕默德 · 謝克 (Sarid Mohamed Djohar, 1918~2006, 圖 S39)，任期 1961~
1970 年。
左側背景是 Kathala 山。

✤ 圖 S40 5,000 法郎背面

樹是有名的非洲木棉（圖 S40），生長在海邊，樹幹粗大。
背景是鸚鵡螺 (Nautilus)，紋路美麗，線條細膩。

✤ 圖 S41 10,000 法郎正面

葛摩宗教領袖——神祭家阿爾哈比伯 · 賽義德 · 奧馬爾 · 本 · 蘇麥德 (Al-Habib Seyyid Omar Bin Sumeit, 1886~1876, 圖 S41)。

背景為首都莫洛尼 (Moroni) 的星期五清真寺 (Friday Mosgue)。

✤ 圖 S42 10,000 法郎背面

伊蘭伊蘭 (Ylang-ylang flowers，圖 S42) 是一種生長於遠東潮濕森林的卡南加樹 (Canangatree)，花朵含豐富精油成份。稱為「花中之花」，它能散發一種辛辣茉莉的香味，花朵是黃色，氣味似玉蘭，據說有催情功效。精油具有殺菌與鎮靜作用，長久以來，被用來緩和心跳加速的毛病。由於具有舒緩與放鬆功效，是芳香療法中非常重要的一種植物。大多銷往歐美，特別是法國。

右側背景有伊蘭伊蘭（上）及海龜（下），海龜壽命都上百歲，比陸龜長。

一鈔
一世界

葛摩（Comoros，中國大陸譯名科摩羅）是印度洋上的小島國，1912年成為法國殖民地，1975 年獨立，居民大都信仰伊斯蘭教。

葛摩海岸曲折，景色宜人，漁業資源豐富，主要是金槍魚，難得還有罕見的茅尾魚 (Coelaeanth)，但捕魚工具落後，僅在近海捕撈。

島上種植甚多香料作物，包含伊蘭伊蘭花、香子蘭、丁香等，是世界主要香料出口國之一，常被冠「香料王國」美稱。葛摩無礦產及水力資源，森林占面積一成半，內中有稀有之狐猴，與馬達加斯加同一屬性。

有位收集世界鈔票的達人名叫大衛・斯坦迪什 (David Standish)，任職美國賓州銀行高層，寫了一書《金錢的藝術 The Art of Money》，他選出十大最美麗的紙幣，其中第五名就是葛摩 5,000 元的鈔票。又有一公信的國際紙幣協會 IBNS（Internation Bank Note Society）每年會選出去年度發行的世界最佳紙幣，被稱為紙幣的奧斯卡，2007 年選出首獎就是葛摩的 1,000 元鈔票，雙響炮真是不簡單啊！

甚至前期的五張鈔票（附上 500、1,000、2,500、5,000、10,000 元，圖 S43~S47），正面都是島上的住民，穿著阿拉伯風格與非洲藝術結合的衣飾，配合葛摩風光——新綠農田、清澈海水、黃金沙灘、純淨天空、肅穆回寺，整套色彩鮮豔，手法純樸，勾劃一個島國生機盎然情懷，令人心情無比舒暢！

✤ 圖 S43 500 法郎

✤ 圖 S44 1,000 法郎

✤ 圖 S45 2,500 法郎

❧ 圖 S46 5,000 法郎

❧ 圖 S47 10,000 法郎

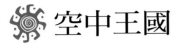

空中王國

賴索托
Lesotho

⑤ ⑩ 50 100

面積：3萬平方公里

人口：約215萬人(2021年)

首都：馬塞魯(Maseru)

幣值：羅地(Loti)

　　　1美元≒12.06L

　　國旗有傳統服飾的巴索托帽子圖形，象徵繼往開來。白色代表和平與純潔，藍色代表雨水及晴空，綠色代表草木茂盛和肥沃大地。此旗於2006年10月啟用。

　　賴索托是南非境內一小內陸國，是一窮國，愛滋病嚴重失控，糧食無法自足，很多人前往南非從事農礦產工作，近年來積極發展加工製造業及手工業。

❧ 圖 S48 10 羅地正面

❧ 圖 S49 20 羅地正面

❧ 圖 S50 50 羅地正面

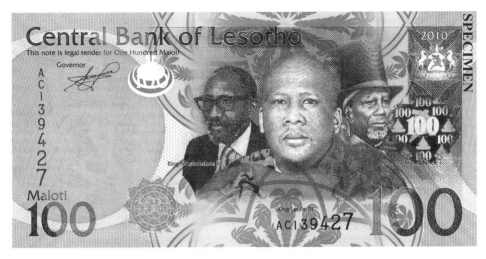

❖ 圖 S51 100 羅地正面

19 世紀初，巴蘇陀族酋長莫舒舒一世（Moshoeshoe I, 1786~1870, 圖 S48~S51 右側），統一各族，建立了王國，被尊稱為「國父」。1868 年英國正式宣布巴蘇陀蘭是其「保護地」，並於 1871 年將其併入英國在南非的開普殖民地，王權中斷。1966 年 10 月 4 日宣布獨立，定名賴索托王國，實行君主立憲制，由父親 Moshoeshoe II（1938~1996, 圖 S48~S51 左側）在 1996 年交通事故中逝世，由當今萊齊耶三世（Letsie III 1963~ ，圖 S48~S51 居中）即位。右上為國徽，其中有條鱷魚，是賴索托「國獸」，背後有交叉柄標槍及圓頭棒，為當地人狩獵的武器。中間有高聳的「普佐阿峰」是莫舒舒一世的埋葬地。

❖ 圖 S52 10 羅地背面

國花──大波斯菊（學名：Cosmos bipinnatus）
繁殖力強，常形成花海，適於布置花境或花壇。也為插花背景材料，它是 1799 年一位西班牙傳教士取名的，Cosmos 是宇宙的意思。

✤ 圖 S53 20 羅地背面

賴索托的傳統民居——圓形屋頂的茅草房屋（圖 S53），它是當地特有之山草，就地取材，堅固耐用，夏涼冬暖，自 16 世紀就流傳的生活模式。

✤ 圖 S54 50 羅地背面

陡峭坡地，東北部和東部為龍山山脈，最高峰塔哈南特雷尼那山海拔 3,482 公尺。

馬爾他山脈自東北邊境向西南斜貫全國，形成陡峭的坡地，被稱為非洲的高山王國，高山住民騎著馬做為翻山越嶺的交通工具（圖 S54）。

❖ 圖 S55 100 羅地背面

牧羊人及羊群（圖 S55），賴索托經濟以放牧為主。

賴索托（Lesotho，中國大陸譯名萊索托）是非洲南部的內陸國，四周為南非包圍，莫舒舒一世曾自建王國，1868 年為英國殖民地王權中斷，1966 年宣布獨立，現任國王萊齊耶三世是已故國王莫舒舒二世的長子。

賴索托是一個較貧窮的農業國，生產玉米、花卉，有六成的土地可供放牧，是非洲著名馬海毛產地，全境有三分之二處於海拔較高山地，素有「空中王國」稱號，馬騾是主要交通工具。

賴索托的居民，居住在高地上，用當地的石頭及茅草砌成圓形小屋，很有特色。此外，他們喜歡戴一頂巴蘇陀草帽（國帽）和披一件毛毯（國服），在 19 世紀，巴蘇陀酋長莫舒舒一世（鈔票正面居右者），當年戴此草帽征戰沙場，統一國土，這種草帽成勝利象徵，而披上鮮艷毛毯，是因賴索托高山氣候，日夜溫差大，所以準備一條毛毯，白天當衣服，晚間當被蓋，下雨充當雨衣，自成該國獨特風格。

 狐猴樂園

馬達加斯加
Madagascar

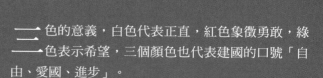

⑤ ⑩ 50 100

面積：58.7萬平方公里
人口：約2,769萬人(2020年)
首都：安塔那那利佛(Antananarivo)
幣值：馬達加斯加法郎
　　　　(Madagascar Ariary, MGA)
　　　　1美元≒3,506MGA

三色的意義，白色代表正直，紅色象徵勇敢，綠色表示希望，三個顏色也代表建國的口號「自由、愛國、進步」。

　　馬達加斯加在非洲東南海外，是世界第四大島，非洲第一大島，島上有獨特的動植物，人民大多以農為生，但也僅止餬口，推斷祖先來自東南亞，甚至與台灣原住民相關的「南島語系」族群，香草為最主要作物。過去一直因貧窮而暴動，經濟不安定，也算不發達的國度。

✤ 圖 S56 100 法郎正面

此面上翠綠婀娜的植物為馬達加斯加的國樹──旅人蕉 (Traveler's Paim, 圖 S56)。是馬達加斯加最著名的植物，當地人叫它為「旅行家樹」。樹葉內含有水分，在旅程中口乾舌燥可就地取材，解決乾渴之苦。它身高六、七層樓高，但還是草木植物，被稱天下第一草頭王，遠古自非洲大陸分裂，開始自己的進化。

背景為懸崖峭壁，是貝馬拉哈 (Bemaraha) 國家公園的山脊（很像中國昆明石林），石林的形成是地下水與強風將石灰岩侵蝕成針狀而產生的喀斯特岩，綿延數十公里。1990 年已列入世界自然遺產及非洲七大奇景。

✤ 圖 S57 100 法郎背面

位於北方海域安齊拉納納灣 (Antsiranana Bay) 的海上浮山──甜麵包山 (Sugarloaf Mountain, 圖 S57)，幾百萬年前經過地殼變動，露出海面。當地人視為聖山。

✿ 圖 S58 200 法郎正面

左側有石門，是高原族村莊的八尺寨門（圖 S58）。

背景為泥土為牆，結草織葉為頂的貝氏族特色傳統茅屋棚（Rondaval）。

✿ 圖 S59 200 法郎背面

南部民族風俗，在先祖墓穴柱上雕刻著本家族、本部落的圖騰獸像、神話傳說及現實生活為內容，形成景觀大道（The Panorama Route，圖 S59），這種殯葬文化叫 Aloalo。

✤ 圖 S60 500 法郎正面

馬達加斯加盛產拉菲亞草（圖 S60），因為它具有良好的植物纖維特性，通常被居民用來編織繩子或製成家用器皿，如籃子或畚箕等。此外，當地居民還用它來縫製成具有民族傳統特色的長裙。背景為各項手工藝。

♣ 圖 S61 500 法郎背面

畜牧業在馬達加斯加中占有重要的地位，主要是養豬、羊和牛，其中馬達加斯加的駝峰牛（Zebu，圖 S61）——脖上有碩大牛峰，產奶多、肉質嫩、抗病強、重量重，是世界聞名的牛種，這個國家牛比人多，當地居民往往以擁有牛的數量來衡量貧富。在這裡隨處可以看到牛群，所以有「牛島」、「養牛之國」之稱。

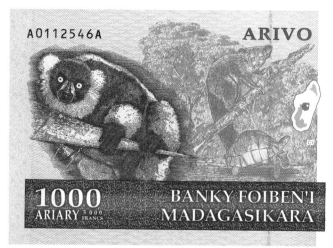

✤ 圖 S62 1,000 法郎正面

本國特有動物為寬尾狐猴（Lemur, 圖 S62），馬達加斯加的寬尾狐猴黑白相間，有長時間夏眠期，目的可能是為了避免體溫過高，這也是科學家迄今發現的第一種會夏眠的熱帶動物。

背景是狐猴和安哥洛卡龜 (Ploughshare Tortoise)，本國特有品種，背甲扁平，間夾花紋，是一種美麗的小陸龜。

✤ 圖 S63 1,000 法郎背面

馬達加斯加由於高原雨量豐沛，加上海島獨特的天然環境，有當地特有的野生植物，如鈔票上的仙人掌及劍麻（圖 S63）。

仙人掌屬於熱帶植物，葉子成短刺，減少水份蒸發及阻止外物吞食，劍麻屬龍舌蘭植物，有硬質纖維，用於漁航、運輸之繩索。

❖ 圖 S64 2,000 法郎正面

非洲木棉樹 baobabs（圖 S64）──猴麵包樹，樹大好遮蔭，曾在樹幹挖洞住人（關人），樹高 50 公尺以上，可 40 人合抱，的確是巨樹，又稱大胖子樹，亦是馬達加斯加的國樹，也可大量儲水。在西部大城穆隆達瓦 (Morondava) 有一猴麵包樹大道 (The Avenueof the Baobabs)，列為非洲自然奇景之一。

❖ 圖 S65 2,000 法郎背面

馬達加斯加的梯田（圖 S65），遠望似綠色海浪。
這種稱「貝塔富」(Betafo) 灌溉系統景觀，為南島語系民族最擅長的耕種，被列入世界文化遺產。

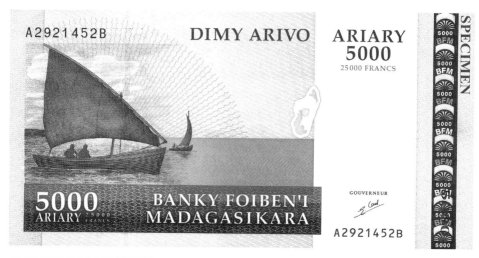

✿ 圖 S66 5,000 法郎正面

印度洋上的三角帆漁船（圖 S66），背景是印度洋的日出。

✿ 圖 S67 5,000 法郎背面

陶拉納魯 (Tolanaro, 圖 S67) 海灣濱海之景色。在馬達加斯加最南端，是最美的海灣，無比清澈的碧綠海水，深具浪漫情調。

✤ 圖 S68 10,000 法郎正面

位安布希曼加的皇家藍山行宮 (Royal Hill of Ambonimamga) 內的女王宮 Le Palais De La Reine（圖 S68）是娜拉瓦那一世 (Ranavalona I) 在 1840 年修建，典型巴洛克風格，氣勢雄偉，現已列入世界文化遺產。

✤ 圖 S69 10,000 法郎背面

修建道路──上有築路工人、挖土機、裝卸重型卡車（圖 S69）。右側為築成康莊大道，所謂「要致富，先築路」。

馬達加斯加（Madagascar，中國大陸譯名相同）與非洲大陸相望，為世界第四大島，隔莫三比克海峽與非洲大陸相望，海岸線長，屬熱帶雨林氣候，1896 年為法國殖民，1960 年 6 月宣布獨立。

馬達加斯加經濟以農牧為主，農業有劍麻、仙人掌、咖啡、丁香、甘蔗等，牧業以養牛為主，工業基礎薄弱，近年政府堅持經濟效率，發展良好。

馬達加斯加屬非洲古陸的一部份，後來地層斷裂與非洲分離，變成海島，最高山近 4,000 公尺，在中央高原水力豐富，發展梯田農業區，其中香草居世界首位。

馬達加斯加自非洲古陸分裂，經長時間獨立發展進化，與非洲大陸截然不同，沒有獅子、大象、猩猩等，反而有奇特動物如狐猴，就是一大特色，島上有 300 多種鳥類，體型龐大，因沒天敵，不善飛行。

馬達加斯加前一套鈔票（圖 S70~S81），帶有濃厚非洲風格，色彩鮮豔無比，整個鈔票設計溫馨，非常貼近馬達加斯加的人文，自然展現它的牧業、漁業、農業、手工業及特有動植物、當地人物，真是收藏紙鈔的珍品。

❖ 圖 S70 500 法郎舊鈔正面

❖ 圖 S71
500 法郎
舊鈔背面

❖ 圖 S72
1,000 法郎
舊鈔正面

❖ 圖 S73
1,000 法郎
舊鈔背面

✿ 圖 S74
2,500 法郎
舊鈔正面

✿ 圖 S75
2,500 法郎
舊鈔背面

✿ 圖 S76
5,000 法郎
舊鈔正面

✤ 圖 S77
5,000 法郎
舊鈔背面

✤ 圖 S78
10,000 法郎
舊鈔正面

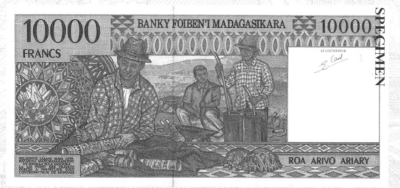

✤ 圖 S79
10,000 法郎
舊鈔背面

❧ 圖 S80 25,000 法郎舊鈔正面

❧ 圖 S81 25,000 法郎舊鈔背面

 溫暖之心

馬拉威
Malawi

⑤ ⑩ 50 100

面積：11.9萬平方公里
人口：約1,913萬人(2020年)
首都：里朗威(Lilongwe)
幣值：克瓦查(Kwacha)
　　　　1美元≒815.62MWK

黑色代表非洲人民。紅色太陽代表自黑暗迎向黎明。紅色是爭取自由的熱血。綠色則代表了物產豐盛，尤其菸草、茶葉、甘蔗占出口大宗。

馬拉威是內陸國，原為法屬，國民所得很低，現積極發展觀光，有國家公園、馬拉威湖、狩獵區、自然保護區。馬拉威人民非常好客，故有「非洲溫暖之心」（Warm heart of Africa）美名。個人國民所得居世界倒數第二。

✤ 圖 S82 20 克瓦查正面

馬拉威北部地區之領導者 Lazalo Mkhuzo Jere（圖 S82）。背景為馬拉威中央銀行（每張鈔票都有），左下側為馬拉威湖的特產魚（每張鈔票都有）。

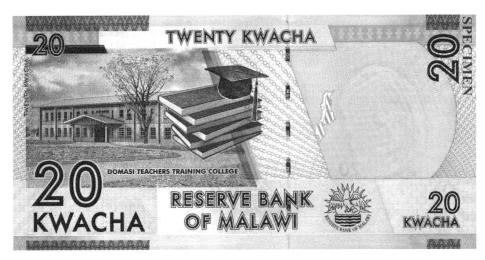

✤ 圖 S83 20 克瓦查背面

多馬西師範學院 (Domasi Teacher's Training College, 圖 S83)，教育是國家富強之基石，師範學院是培育師資的搖籃，政府特別重視。在馬拉威，40%是文盲，嚴重缺乏高技術人才。

♣ 圖 S84 50 克瓦查正面

馬拉威殖民時期南部地區的領袖 Philip Zitonga Maseko（圖 S84）。

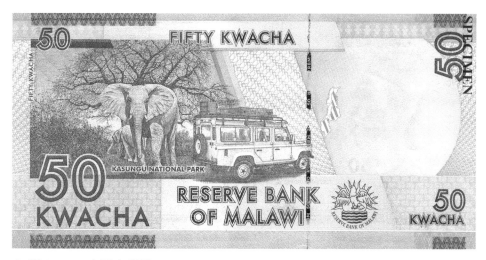

♣ 圖 S85 50 克瓦查背面

卡松古國家公園 (Kasungu National Park, 圖 S85) 可以開著前輪驅動之休閒車觀賞大象、森林等大自然生態。此外，尚有麥克里爾角國家公園 (Cape Maclear)，令圭國家公園 (Leangwe)，都很有名。

❖ 圖 S86 100 克 瓦 查正面

尼亞薩蘭（馬拉威原名，1964 年獨立改名馬拉威 Malawi）非洲大會創始人詹姆斯・弗雷德里克・桑加拉 (James Frederick Sangala, 圖 S86)。

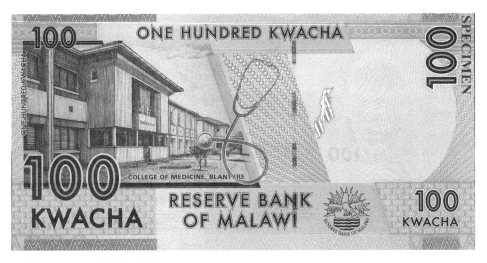

❖ 圖 S87 100 克瓦查背面

布爾泰爾醫學院 (College of Mediceine Blantyre, 圖 S87)，中間有代表醫生之聽診器，非洲大部份地區氣候燠熱、濕度偏高、蚊蠅密布、衛生不佳、疾病蔓延，有名的非洲病——瘧疾、昏睡病、象腿病、愛滋病最嚴重，加強醫療刻不容緩。

❖ 圖 S88 200 克 瓦 查正面

馬拉威首位女性內閣部長羅斯・奇邦博 (Rose Chibambo, 圖 S88)。

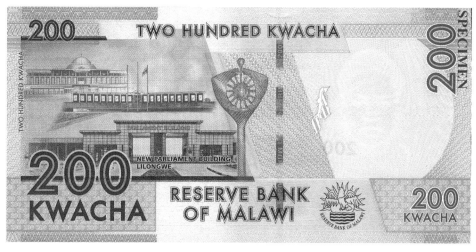

✤ 圖 S89 200 克瓦查背面

新馬拉威國會大廈（圖 S89），Lilongwe 國會中有 177 席，由人民直選，馬拉威屬總統制。

✤ 圖 S90 500 克瓦查正面

馬拉威民族英雄約翰 · 奇倫布威 (John Chilembwe, 1871~1915, 圖 S90) 是一位反殖民的鬥爭先驅。

在 2005 年上一版之所有鈔票正面皆是其人之像。

✤ 圖 S91 500 克瓦查背面

穆農古吉大壩 (Mulunguzi Zomba, 圖 S91)。提供灌概用水,解決飢餓問題,變成啟動國家生命的齒輪。

✤ 圖 S92 1,000 克瓦查正面

馬拉威國父海斯廷斯 · 卡穆祖 · 班達 (Hastings Kamuzu Banda, 圖 S92)。

註:馬拉威在 1891 年淪為英保護國,1904 年直接管轄,1953 年為中非聯邦一員,1964 年 7 月 6 日獨立,改名為馬拉威。

✤ 圖 S93 1,000 克瓦查背面

姆祖祖的玉米糧倉 (Mzuzu Maize Silos, 圖 S93)。馬拉威農業人口超過 90%，除了生產玉米外，
尚出口棉花、菸草、茶葉、咖啡、花生等。

一鈔
一世界

馬拉威（Malawi，中國大陸譯名馬拉維）在非洲東南部之內陸國，
國土狹長，有很多民族自立為王，19 世紀末成為英國殖民地，也遭
當地人反抗，到 1960 年獨立，馬拉威是純農業國，主要作物有玉米、
茶葉、菸草等。

國內有一非洲第三大湖──馬拉威湖，湖長 365 英里，寬 52 英里，
故稱日曆湖（一年 365 天 52 週），是主要產魚區，多數是稀有魚種（所
有鈔票之正面背景），並利用它蓋水壩。

這裡的人民普遍教育程度低，平均壽命低，所以政府特別設立師範學
院及醫學院，教育是百年大計啊！

馬拉威層巒疊嶂、湖光山色、風景秀麗，且有野生動物之保護，吸引
眾多世界遊客，近年馬拉威旅遊業發展甚快。

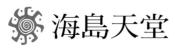 海島天堂

模里西斯
Mauritius

(5) (10) [50] [100]

面積：2,040平方公里
人口：約127.1萬人(2020年)
首都：路易士港(Port Louis)
幣值：模里西斯盧比(Rupee)
　　　　1美元≒30R

模里西斯用非洲三色再加藍色。紅色為紀念犧牲的先烈，藍色代表圍繞國家的印度洋，黃色象徵獨立的光芒，綠色表示大地與農業，所以四色是愛國、海洋、太陽及農業，也象徵島上的非洲人、印度人、歐洲人、華人四種族群同心協力（非洲人當工人、印度人當農民、華人當商人、白人當大地主）。

　　模里西斯過去曾受荷蘭、法國、英國殖民，經濟來源是蔗糖、加工出口之工業，以及自視為世外桃源的旅遊業。

　　在全非洲諸國中，人類發展指數 (HDI) 名列第一。

✤ 圖 S94 25 盧比正面

Moilin Jean Ah-Chuen 中文名朱梅麟先生，朱梅麟是客家人，祖籍廣東梅縣，享年 80 歲 (1911-1991)，與中華民國同年誕生。

因朱氏生前推動民主化與發展經濟，對該國貢獻卓著，模國人民感念朱氏生前對國家之貢獻，故發行印有朱梅麟肖像的鈔票（圖 S94，也是在海峽兩岸外首見）。

中央背景（每一鈔票皆有）是手執寶劍和天平的正義女神。

✤ 圖 S95 25 盧比背面

背景是模里西斯最大屬島──羅德里格 (Rodrigues) 島的漁民及其住宅（圖 S95），此島大部分務農，少數捕魚，面積 110 平方公里，人口 3.5 萬人。

✤ 圖 S96 50 盧比正面

約瑟夫 · 莫里斯 · 帕杜盧 (Joseph Maurice Paturau, 1916~1996, 圖 S96)。曾任工商部長，為人正直不阿，對經濟貢獻良多。

✤ 圖 S97 50 盧比背面

位於首都路易士港 (Port Louis) 的高丹濱海購物中心 (Caudan Waterfront Shopping Center, 圖 S97)，其間有酒店、賭場、名品店及各式娛樂場所，是歐美人士度假的首選。

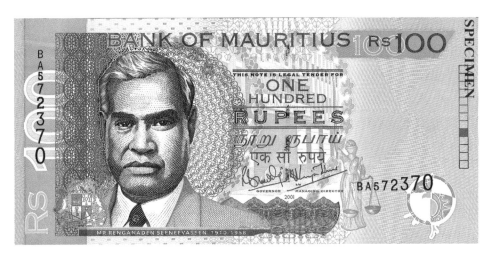

✤ 圖 S98 100 盧比正面

拉甘那登・希里瓦森 (Renganaden Seeneevassen, 1910~1958, 圖 S98)。模里西斯工黨元老，曾任公共基礎設施部長。

✤ 圖 S99 100 盧比背面

模里西斯的國家最高法院（圖 S99）。

♣ 圖 S100 200 盧比正面

阿布杜拉・拉札克・默罕莫德(Abdoal Razack Mohamed, 1906~1978, 圖 S100) 曾任住房部部長。

♣ 圖 S101 200 盧比背面

路易士港是印度洋上重要的補給站,因此各式各樣的南北貨物都相當齊全,港區旁的路易士港中央市集(圖 S101),市集裡所擁有的寶物特多,每天都吸引了數萬人潮來此購物挖寶。

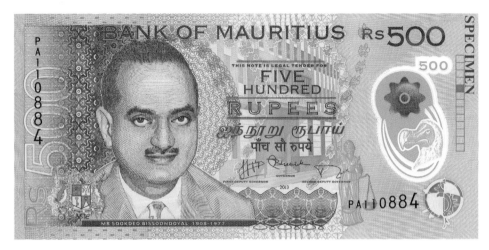

❖ 圖 S102 500 盧比正面

蘇克地奧 · 華頌多雅爾 (Sookdeo Bissoondoyal, 1908~1977, 圖 S102)，是獨立運動領導者之一，1973 年擔任立法議會前反對黨領袖。

❖ 圖 S103 500 盧比背面

模里西斯大學 (University of Mauritius, 圖 S103) 位於 Reduit，不論是在農業領域、工業和金融服務上都培育許多優秀人才。

♣ 圖 S104 1,000 盧比正面

蘇拉爾・巴桑・杜瓦爾（Charles Gaëtan Duval, 1930~1996, 圖 S104）曾任模里西斯副總理。

♣ 圖 S105 1,000 盧比背面

模里西斯的國家議會（圖 S105）。

♣ 圖 S106 2,000 盧比正面

西沃薩古爾・拉姆古蘭（Seewoosagur Ramgoolam, 1900~1985, 圖 S106），致力於人道主義，被尊為國父，同時也是哲學家、政治家和第一任總理，使模里西斯成為在非洲中罕見的自由、民主、平安和興旺的國家。

❀ 圖 S107 2,000 盧比背面

牛、甘蔗、運貨車（圖S107）是由荷蘭人帶入模里西斯，甘蔗從此成為模里西斯的主要經濟作物。

模里西斯（Mauritius，中國大陸譯名毛里求斯）是印度洋上的小島國，除本島外尚包括羅德里格島等 6 個島，1814 年淪為英國殖民地，1968 年宣布獨立，獨立以來，歷來政要都維持長期穩定，功不可沒。經濟結構以糖業、出口加工、旅遊為主，特別首都瀦海、市內建築及花草，充滿清新熱帶海洋城市風光，特別一提，模里西斯受教育率達 95%，模里西斯大學在非洲亦富盛名。

在收藏世界鈔票中，以名人上榜最多，除海峽兩岸鈔票會出現華人（一邊是孫中山、袁世凱、黎元洪、廖仲愷、蔣中正、林森，一邊是毛澤東、朱德、周恩來、劉少奇）外，出現在模里西斯 25 元正面的朱梅麟，是唯一華人名人上了外國鈔票，在華人僅占 3% 的模里西斯更是難能可貴（華人在東南亞有較高比率，甚至新加坡以華人為主都看不到），他的生意眼光獨到，成立 ABC 集團，遍及各行領域，擁有極大財富，還引進台灣農耕隊協助模國發展農業，也邀請香港人士赴模國投資設廠，擴大外銷，1980 年英女王冊封爵士，1991 年教宗亦頒爵士頭銜，集榮耀於一身，堪稱紅頂商人，雖逝世多年，其肖像仍能上鈔票的第一張正面。

模里西斯鈔票，漸由紙鈔改為塑膠鈔，已發行有25元、50元、500元，塑膠鈔工本費較貴，但使用壽命是紙鈔 5~10 倍長，不像紙鈔會沾許多病菌，迄目前為止，塑膠鈔還沒有被偽造紀錄，它是未來的趨勢。

群象之鄉

莫三比克
Mozambique

⑤ ⑩ 50 100

面積：80萬平方公里

人口：約3,125萬人(2020年)

首都：馬布多(Maputo)

幣值：梅蒂卡(Metical)
    1美元≒63M

白 條表示和平；綠色象徵國土及森林；紅色代表爭取自由所流的血；黑色代表非洲人民；黃色五角星代表國際共產主義。

鋤頭、長槍、書本代表農民、軍人及知識分子。莫三比克原為葡萄牙統治，獨立後成立「莫三比克人民共和國」，推行馬列主義，經幾次內戰，人民十分貧窮。

莫三比克平原多且肥沃，但農耕技術落後。林業資源也豐富，但未開發。森林動物多，以象群為最。礦產儲量不少，未進行挖掘。

✤ 圖 S108 20 梅蒂卡正面

✤ 圖 S109
50 梅蒂
卡正面

✤ 圖 S110
100 梅蒂
卡正面

❖ 圖 S111
200 梅蒂
卡正面

❖ 圖 S112
500 梅蒂
卡正面

❖ 圖 S113 1,000 梅蒂卡正面

莫三比克第一任總統薩莫拉 ‧ 莫伊塞斯 ‧ 馬謝爾 (Smaora Moises Machel, 1933~1986, 圖 S108~S113)。

Machel 生於農村，目睹非洲人受盡歧視與壓迫，立志為民族獨立而奮鬥，1963 年赴阿爾及利亞接受軍事訓練，隔年率游擊隊與葡萄牙殖民政府作戰，直到 1975 年 6 月獨立，Machel 任總統及軍隊總司令，授予元帥軍銜〔非洲尚有三位自封元帥：1. 薩伊蒙博托總統（今剛果民主國）；2. 烏干達總統阿敏；3. 中非皇帝博卡薩〕，奉行不結盟政策，並支援南部非洲的解放，1986 年 10 月乘坐專機，墜機身亡，由希薩諾 (Chissano) 接第二任總統，任職 19 年。

✤ 圖 S114 20 梅蒂卡背面

犀牛（圖 S114）為陸地上第二大動物，非洲北方是白犀牛為主，南方是黑犀牛，其實白犀牛非皮膚白得名，當荷蘭人發現寬平嘴犀牛，荷文 Weit，英文為 Wide（寬平），口耳相傳成 White，犀牛的視力差，聽力超強，現在是瀕臨絕種動物了！

✤ 圖 S115 50 梅蒂卡背面

非洲大羚羊 (Waterbuck, 圖 S115) 在羚羊中最巨大，角有點旋轉，高在 175 公分上下，長 300 公分左右，故又名巨羚，活動於草原上，成群覓食，膽小馴順，常為兇猛動物之口中肉。

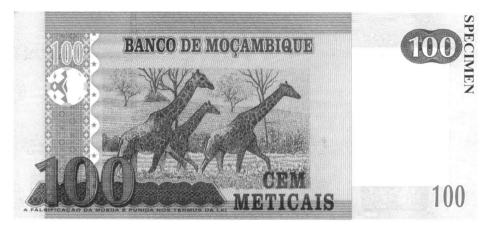

❧ 圖 S116 100 梅蒂卡背面

南部非洲長頸鹿 (giraffa, 圖 S116)，以樹葉為生，日食 60 公斤以上，是陸地上最高動物，當肉食動物來臨，居高臨下，最早發現、最早逃跑，腳步又大，加上如面臨威脅，可以用蹄子猛踢敵害，因頸部長、腳步大、蹄有力，幾乎沒有天敵，但其優點在喝水時卻變成不便，必跨大雙腳，在此時刻受到攻擊，變成「束」腳待斃了！

❧ 圖 S117 200 梅蒂卡背面

獅子號稱萬獸之王，但老虎又稱森林之王，很巧這兩種最兇猛動物從未生活在一起，所謂「王不見王」，古羅馬有一皇帝好奇將獅虎各十隻放在鬥獸場對打，結果是 3：7，老虎略勝一籌，但現實環境中，因老虎是單打獨鬥，一山不容二虎，而獅子是群居，一般當公獅發威，眾母獅攻擊，一群小獅子幫兇，團結力量大，勝者屬獅子（圖 S117）。

❧ 圖 S118 500 梅蒂卡背面

非洲野牛（圖 S118）非常兇猛，不像我們看到農夫耕田的水牛或拉車的黃牛都很溫馴，以為普天下的牛都是樸實可愛又乖巧，非洲野牛都是上百上千群居，牛脾氣一來，萬「牛」奔騰，直撲而來，連獅群都要畏懼三分，要走為上策才是！

❧ 圖 S119 1,000 梅蒂卡背面

大象品種有亞洲象和非洲象，非洲象非常兇猛，不似亞洲象個性溫和，可以表演、搬木材，而且體型比亞洲象大一號，又亞洲母象沒有象牙，非洲公母象皆有，每 10 年換一次，一輩子換六次，野生非洲象壽命只有 60~70 歲，年老的大象都死在河邊，因只能吃河邊嫩草，死前會哀鳴，其他大象會來哀悼，蠻有靈性。一般成年公象被逐出象群，必須自立更生，剩下為母象帶領小象，非洲象（圖 S119）是陸上體積最大動物。

一鈔
一世界

莫三比克（Mozambique，中國大陸譯名莫桑比克）在非洲東南部，大部分為熱帶草原氣候，自然成為野生動物的天堂，在鈔票上可看到非洲五霸的四種—犀牛、獅子、野牛、大象，獨缺獵豹，及大型草食動物的大羚羊與長頸鹿，因為莫三比克氣候溫暖、雨量充沛，所以野生動物繁多，也種植甘蔗、棉花、茶葉及腰果，莫三比克有「腰果之鄉」稱號。

莫三比克在 18 世紀成為葡萄牙殖民地，稱葡屬東非洲，自 1964 年起解放陣線，不斷武裝衝突，統治者在逃離時，設備及交通破壞殆盡，最後趁葡萄牙國內本身政變，改朝換代之際（康乃馨革命），1975 年脫離葡萄牙，結束葡萄牙 470 年統治。獨立後即爆發內戰，近百萬人喪生，飢荒四起，有賴國際援助，為世界極度貧窮國家。1983 年曾發行一張 50 元紙鈔，正面是內戰（圖 S120），背面是獨立戰爭（打游擊戰，圖 S121），以致水深火熱，民不聊生。

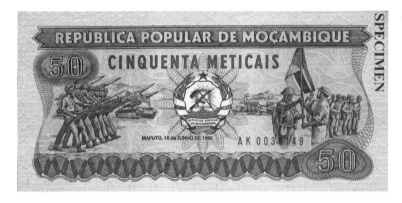

❧ 圖 S120 50
梅蒂卡正面

❧ 圖 S121 50
梅蒂卡背面

 兵家寶庫

納米比亞
Namibia

⑤ ⑩ 50 100

面積：82.4萬平方公里

人口：約275萬人(2020年)

首都：溫荷克(Windhoek)

幣值：納米比亞元(Dollar)

　　　1美元≒14.94NAD

藍色代表大西洋，綠色象徵著豐盛的農業，白色是自由與平等，紅色是爭取獨立的鮮血，黃色太陽象徵其堅忍精神。

　　其青天黃日與中華民國的青天白日何其相似！

　　1990年，納米比亞成為獨立國家，而原屬德國殖民地後改隸南非。擁有豐富礦產，如鑽石、鈾、銅，另有畜牧業，外銷南非及歐盟。此外，沿海有魚類資源，全國有甚多沙漠地帶。

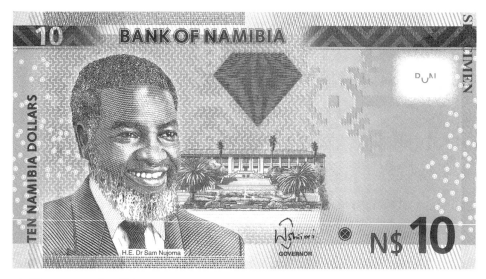

✤ 圖 S122 10 元正面

✤ 圖 S123 20 元正面

納米比亞首任總統薩姆・努喬馬 (Sam Nujoma, 圖 S122~S123)。

納米比亞原委任南非統治，為爭取獨立，長期鬥爭，由於國際社會的壓力，1990 年終於獨立建國，成為非洲最後第二獨立國（南蘇丹為最後獨立國），1994、1999 年蟬聯總統，被稱「建國之父」。背景為國會大廈，議會有 78 席，其中 72 席由選舉產生，6 席由總統任命，任期均 5 年。

❖ 圖 S124 50 元正面

❖ 圖 S125 100 元正面

❖ 圖 S126 200 元正面

漢德雷克 ‧ 維特布伊 (Kaptein Hendrik Witbooi, 1830~1905, 圖 S124~S126)，納米比亞「獨立之父」，他是民族英雄，一生為獨立和報效國家而奮鬥，組織西南非人民組織 (SWAPO)，展開與南非之游擊戰，現為最大政黨。背景為國會大廈。

❖ 圖 S127 10 元背面

跳羚 (Springbok, 圖 S127) 的生存環境需要在有豐富的水源地區，而且要在高原或草原地區，牠們可跳得很高。

❖ 圖 S128 20 元背面

紅色狷羚 (Red Hartebeest, 圖 S128)，廣泛分布在非洲撒哈拉以南的開闊草原和灌木地區。狷羚動作靈巧，行動急速，四肢健美，身體修長。體長 150~245 公分左右，其脊背的前面部份寬大，而後半部份卻變得狹窄，從前向後傾斜。狷羚的體毛為淺褐色，臀部的顏色要淺些，頭部和腿上有明顯的大塊黑斑。雌雄兩性都長有一對角，腳細長而彎曲，上有環紋，主要食物是草，食量大。

✤ 圖 S129 50 元背面

旋角羚羊 (Addax, 圖 S129) 體型大、最溫馴。分布納米比亞沙漠地帶。公母羚都長角，呈螺旋
狀長達 80 公分。前額一叢黑棕毛，臉上有叉字形白斑，呈現白色的大叉臉譜，造型活像國劇中
的小丑。體色在冬季呈灰色，夏季呈淡褐色，適於沙漠生活。通常活動於晚間至黎明，以保存體
內的水份可長時間不飲水。現在數目大量減少，已被指定為國際保護動物。

✤ 圖 S130 100 元背面

直角羚（Oryx, 圖 S130），頸部、肩部為黃棕色，向後彎曲的角像是軍用指揮刀，四肢暗褐、
全身雪白。在群體進食時，最容易分辨其社會地位高低，低者通常只能吃剩的，或邊吃邊躲。當
羚羊頭上的角因打架打斷了，則不會再生長。牠體型最小，在炎熱的日子，牠們習慣用蹄和角，
在灌木叢或沙丘掘出淺穴，躺臥休息。

❖ 圖 S131 200 元背面

黑馬羚 (Roan Antelope, 圖 S131)，尤其是雄羚體態優美，頸部強壯，頸背毛髮直立，四肢穩健，表現出力的感覺。雄羚體色較深黑及頭頂長了一對較大的角，雌羚體型較雄羚小，雄羚的角又大又彎，約 80~165 公分長，雌羚角則只有 60~100 公分，分布在非洲的熱帶草原，牠是瀕臨絕種的羚羊，喜愛熱帶灌木林及熱帶草原，屬草食性，吃草及樹葉，習性為一天約行 1.2 公里，基本上馬羚族群會一直遷移。

一鈔一世界

納米比亞（Namibia，中國大陸譯名相同）位處西南非，西部沿海及東部均為沙漠，有部電影——上帝也瘋狂 (God Must be Crazy) 就在此拍攝，納米比亞是非洲最後一塊殖民地，1884 年德國出兵占領，一戰德國投降，委託南非暫管，1949 年南非併吞，當地人民武裝抗爭，傷亡枕藉，到 1990 年 3 月納米比亞宣布獨立，政局一直保持穩定，礦產、漁業和農業是經濟三大支柱。是世界吉尼 (Gini) 指數最大者（貧富懸殊），失業率也相當偏高。

納米比亞在其北部草原建成埃托沙狩獵公園，是世界最大的自然狩獵區，面積相當「冰島」大小，公園內有眾多的大型動物，也有各式各種的羚羊，一般肉食動物眼睛都長在前面，便於鎖定獵物，勇往直奔，而草食動物（羚羊、斑馬、長頸鹿）眼睛長在兩旁，在吃草時，還要「眼觀四方」，一有狀況拔腿就跑，一般肉食動物都是短跑健將，快速衝刺，但賽程僅維持 500 公尺，再跑就洩氣了。而草食動物是長跑健將，跑得不頂快，但有耐力，關鍵的 500 公尺不要被捕獲，所以肉食動物要有飯吃，必須「起步早、跑得快」，草食動物要存活，也必須「起步早，跑得快」，萬物之靈的人類，也要悟出這個道理。

 彩虹之國

南非
South Africa

⑤ ⑩ 50 100

面積： 122萬平方公里

人口： 約5,931萬人(2020年)

首都： 普利托利亞(Pretoria)

幣值： 南非蘭特(ZAR)

　　　　1美元≒15.7781 ZAR

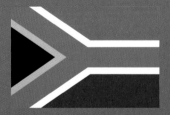

用紅、白、藍、綠、黃、黑六色，由最早入主南非的荷蘭顏色配上非洲三色及非洲本色——黑色組成。黑色代表人民；紅色為自由付出的鮮血；綠色是綠色大地；藍色是天空；黃色象徵擁有的資源；白色代表長久的和平；Y字形代表各民族的團結與和諧。

　　南非是非洲最發達的國家，以礦立國，製造業也具規模。鐵路網亦名列世界前茅。

✤ 圖 S132
10 南非蘭
特正面

✤ 圖 S133
20 南非蘭
特正面

✤ 圖 S134
50 南非蘭
特正面

❖ 圖 S135 100 南非蘭特正面

❖ 圖 S136 200 南非蘭特正面

南非總統納爾遜 · 羅利拉拉 · 曼德拉 (Nelson Rolihlahia Mandela, 1918~2013, 圖 S132~S136)。曼德拉是非洲民族議會的元老，1961 年參與軍事組織「民族之矛」任總司令，領導武裝鬥爭，1962 年以陰謀顛覆罪被捕，1964 年判終生監禁，流放外島（羅本島），度過 26 年獄中歲月，在 1990 年獲釋，他不主張「以牙還牙，加倍奉還」，近乎和平、理性、以德報怨、化敵為友，當時白人總統戴克拉克決定黑人合法地位，結束種族隔離，二人 1993 年榮獲諾貝爾和平獎。在曼德拉領導下，於 1994 年贏得政權，他成為南非首位黑人總統。戴克拉克當副手，讓南非政權和平轉移，成為典範。屆滿任期，不再參加 1999 年的總統選舉（一般非洲總統幾乎終身職），2013 年 12 月 5 日去世，高壽 95 歲，「鬥士已逝，精神長留」。

✤ 圖 S137 10 南非蘭特背面

南非五霸 (Big Five) 之一的白犀牛。

犀牛頭上長著一至兩支硬角，這種角其實是由密聚成簇的硬化毛髮發展而成的。生活在非洲的犀牛（圖 S137）有白犀牛和黑犀牛兩種，白犀牛是所有犀牛中體型最巨大者，堪稱犀牛之王，高約 2 公尺，僅次大象與河馬的哺乳動物。他的名字雖叫白犀牛，實際上卻呈淺灰色，前額較平，肩部較突出。犀牛為食草的動物。

✤ 圖 S138 20 南非蘭特背面

南非五霸之一的非洲象（圖 S138）。

大象是群居動物，是陸上體形最大的哺乳動物，大者超過 10 噸，而且有自己的社會架構，它是由一頭母象當首領，成年的雄象多半會被逐出象群，除了在交配時期。交配期時雄象會表現得很具攻擊性，用以擊敗對手取得交配機會。非洲象身高約 3.2 公尺，不論雄雌都長著獠牙。大象是很聰明的動物，牠們有簡單的語音溝通，甚至會懷念先人，一頭大象死去，其他的大象會在牠身邊停留一陣子後再離去。

✤ 圖 S139 50 南非蘭特背面

南非五霸之一的獅子（圖 S139）。

獅子是貓科動物中唯一的群居動物，是非洲最強大的肉食動物，人稱「萬獸之王」，由公獅領導，而領袖是通過一場血腥的打鬥後產生，獅子是夜行性動物，一天大部分的時間都拿來睡覺以儲備體力打獵。

✤ 圖 S140 100 南非蘭特背面

南非五霸之一的野牛（圖 S140）。

非洲野牛最大的特徵為頭上的一對巨角，他們是群居動物，只有年老或受了傷才會落單。牛群中最強壯的母牛會成為族群的領袖。日間會躲在陰涼處或浸泡在水池與泥濘中，使身體較涼快。非洲野牛常常集體作戰，快速衝向入侵者，使其嚇得退避三舍。其實是非洲最危險的動物之一，甚至萬獸之王的獅子也會喪命於牛角之下。

♣ 圖 S141 200 南非蘭特背面

南非五霸之一的花豹（圖 S141）。

豹比獅子小，身長約兩公尺，善於爬樹及游泳，為夜行性動物，除了交配和哺育子女之外，多數獨來獨往。獵捕到食物時，為了避免鬣狗或獅子來搶食，通常會將食物拖到樹上自行享用。每頭豹會有自己的地盤，不容另一頭豹闖入。牠們是陸地上跑得最快動物。

非洲豹又分獵豹 (Chetah) 及花豹 (Leopards)，前者體形較小，實心花紋，瞬間時速可達 110 公里（高速公路之上限），獵食全靠隱藏、偷襲；後者體形較大，空心花紋，獵物死亡後，常拖到樹上享用，速度遜於前者。

一鈔一世界

南非（South Africa，中國大陸譯名相同）位於非洲大陸最南部，是世界產金、鈾、鑽石的重鎮（圖 S142~S143），也是非洲經濟最富庶的國家，曾為荷蘭、英國殖民，1961 年獨立，這片黑人土地卻被少數白人控制，並採種族隔離政策。1993 年南非黑人領袖曼德拉與當時白人總統戴克拉克共同結束種族隔離制，二人因之得到 1993 年諾貝爾和平獎，新誕生的南非是自由、平等的國度，曼德拉亦被尊為「國父」。

南非大部分地區屬熱帶草原氣候，也孕育大自然動物保護公園，最有名的是「卡拉哈里」公園，一定看到非洲五霸 (Big 5) —獅子、大象、獵豹、犀牛、野牛。全套鈔票正反面均採凹面印刷，色彩鮮明，高端防偽 (SPARK) 如 50 蘭特是紫色加棕色的 SPARK，100 蘭特是綠色加藍色的 SPARK，200 蘭特是金色加茶色的 SPARK。

♣ 圖 S142 舊鈔 20 南非蘭特正面

產鎳世界第 10。

♣ 圖 S143 舊鈔 50 南非蘭特正面

產金世界第 5。

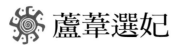 **蘆葦選妃**

史瓦帝尼
Eswatini

（舊國名：史瓦濟蘭
Swaziland）

⑤ ⑩ 50 100

面積：1.7萬平方公里
人口：約116萬人(2020年)
首都：姆巴巴內(Mbabane)
幣值：里朗吉尼(Lilamgeni)
　　　　1美元≒16L

紅褐色橫條是愛國心與熱情；上下的兩道黃邊代表豐富的資源；藍條象徵和平。中間的圖案是一面黑白雙色盾、兩枝矛以及權杖，盾與矛代表堅守國土的決心。國民平均壽命是世界第二少的，不到五十歲。

　　史瓦帝尼是一王國，為南非境內之國中國，面積僅1.7萬平方公里，農業以蔗糖為主，礦業以石綿、鐵、黃金為大宗，也開發野生動物園，招攬遊客。

❖ 圖 S144
10 里朗吉
尼正面

❖ 圖 S145
20 里朗吉
尼正面

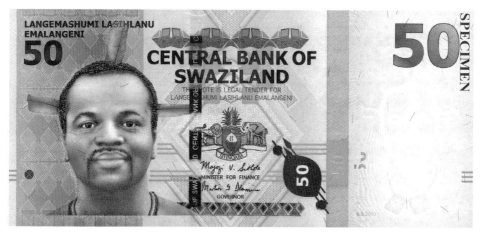

❖ 圖 S146 50 里朗吉尼正面

❧ 圖 S147 100 里朗吉尼正面

❧ 圖 S148 200 里朗吉尼正面

1902 年布耳戰爭（英國與南非的荷蘭移民之戰）之後，史瓦帝尼成為英國的保護國。1968 年 9 月 6 日獨立。現任國王姆斯瓦蒂三世（Mswati III，1968 年 4 月 19 日生，圖 S144~S148），於 1986 年正式登基。父親是索布托國王二世，在 67 名兒子中，排行第二，當索布托二世於 1982 年駕崩後，由於當時年僅 14 歲的他仍在求學階段，故需分別由兩名親王出任攝政。在他 18 歲時就被加冕為史瓦濟蘭國王，成為全球最年輕的國王，他強烈反對他的國家民主化，但國內民主意識卻已逐漸抬頭。姆斯瓦蒂三世是現今非洲最後一位擁有絕對權力的國王。在建國五十週年慶祝大會上，公開宣布為擺脫殖民惡名，將原國名「史瓦濟蘭」改名為「史瓦帝尼」（Kingdom of Eswatini），「Eswatini」史瓦帝語原義為「史瓦帝人的土地」。

中間之處為國徽（每張正面皆有之）。

✤ 圖 S149 10 里朗吉尼背面

史瓦帝尼的傳統舞蹈（蘆葦舞，圖 S149）。河邊蘆葦成熟之際，每年 9 月舉行，慶祝王權及獨立，少女們載歌載舞以表達對王室之崇敬。少女跳著蘆葦舞經過司令台，穿著代表她們村落的傳統服飾，身上的飾品、顏色、手持的物品、舞步、隊伍變換，都會因為村落的不同而不一樣。傳統上，只要是未婚少女，都會來參與這一場慶典。右側有銀行徽（每張背面皆有之）。

✤ 圖 S150 20 里朗吉尼背面

史瓦帝尼的牛隻（圖 S150）代表財富和地位的象徵，他們卻也利用牛隻的經濟價值（如牛肉、牛奶等）獲取利潤。
旁邊是經濟作物棉花、玉米、菠蘿，以及代表工業的煉油廠。

✿圖 S151
50 里朗
吉尼背面

為史瓦帝尼的中央銀行（圖 S151），史國中央銀行建立於 1974 年。

✿圖 S152
100 里朗
吉尼背面

體型十分碩大的非洲大象（圖 S152）及凶猛利牙的非洲雄獅，象獅之間有犀牛。

✿圖 S153 200 里朗吉尼背面

為史瓦帝尼傳統的圓形磚屋（圖 S153），稱為蜂巢屋 (Beehive house)，最右側是現任國王姆斯瓦蒂三世 (Mswati III) 的銅像，史瓦帝尼王國是世界少數仍實施絕對君權的國家。

史瓦帝尼（Eswatini，中國大陸沿用舊名斯威士蘭）是一內陸小國，東與莫三比克比鄰，北、西、南為南非所包圍，1907 年成為英國殖民地，1968 年宣布獨立，定名史瓦濟蘭王國，由索布托二世為王（圖 S154 為索布托二世，圖 S155 為其眾多妃子），實行專制統治，1982 年索布托二世逝世，暫由太后攝政，1986 年姆斯瓦蒂三世正式登基，集大權於一身，有絕對的權威。

在史瓦帝尼王國每年九月有少女節，也稱蘆葦舞節，是國王一年一度的選妃日，未婚少女載歌載舞，通常有 5,000 人以上，國王在她們之中選最喜歡、最理想者做妃。

❖ 圖 S154
1 里朗吉
尼正面

❖ 圖 S155
1 里朗吉
尼背面

史瓦帝尼有高原草地，是理想牧場，農業以甘蔗、玉米、鳳梨為主，工業以製糖、紙漿、農畜加工為主，近年積極發展煉油業，貧富差距懸殊，經濟發展尚不均衡。因保留國家森林，使野生動物得以繁衍生息，也有利發展觀光業。該國是世界愛滋病最嚴重國家，也是壽命最短國家。

 銅礦大國

尚比亞
Zambia

⑤ ⑩ 50 100

面積：75.3萬平方公里

人口：約1,874萬人(2021年)

首都：路沙卡(Lusaka)

幣值：克瓦查(Kwacha)
　　　1美元≒12.09ZMW

尚比亞國旗以綠色底表示農林立國，右上角有展翅高飛的雄鷹，象徵自由和克服困難的強大力量，雄鷹下端繪有紅、黑、橙三色豎紋圖案。紅色是為爭取獨立自由的艱苦戰鬥；黑色代表尚比亞國民（非洲本色）；橙色表示礦產資源。

尚比亞與辛巴威間有世界第二大瀑布——維多利亞瀑布，吸引很多觀光客；又銅礦蘊藏量占世界15%，有「銅礦之國」之稱，目前國民所得還是偏低。

2003年尚比亞成為第一個接受塑膠鈔票的非洲國家，其後跟進的有奈及利亞、莫三比克、模里西斯、茅利塔尼亞、維德角、甘比亞。製作成本較貴，但它耐用，防偽、清潔、環保。

❖ 圖 S156
2 克瓦查
正面

❖ 圖 S157
5 克瓦查
正面

❖ 圖 S158
10 克瓦查
正面

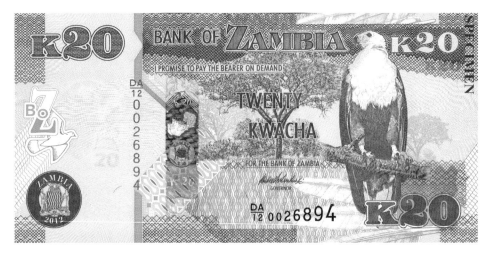

✤ 圖 S159 20 克瓦查正面

✤ 圖 S160 50 克瓦查正面

♣ 圖 S161 100 克瓦查正面

魚鷹 (Fish Eagle) 又稱非洲海鵰 (Haliaeetus vocifer)，是尚比亞國鳥，非洲魚鷹有著白頭的明顯特徵，當地人叫牠 Kgo-adira，意指「敵人的鳥」，據說牠們的糞便有驅趕敵人的效力。主要分布在東南非洲的河濱或溼地，魚鷹顧名思義具有捉魚為食的習性，魚鷹捉魚是全身伸進水中捕捉。魚鷹天生具有特別厲害的喙，捉魚動作如同老鷹捉小雞般地又快又準，習慣高踞枝頭，成為河岸風光的搶眼焦點，而且雄鷹在配偶死亡後不會再尋覓新對象，因此被視為情感堅貞的象徵。左中有一隻和平鴿，左下角有國徽。

每一張正面鈔票的正中樹木都不一樣，但都是當地主要之樹：

2 元是恩多拉奴隸樹（圖 S156），5 元是野丁香樹（圖 S157），10 元是尤加利樹（圖 S158），20 元是安哥拉紫檀（圖 S159），50 元是卡布書無花果樹（圖 S160），100 元是非洲木棉（圖 S161）。

♣ 圖 S162 2 克瓦查背面

中間為尚比亞的市集（圖 S162），將農產品及手工藝品拿到市場叫賣或以物易物。

左側為羚羊。

右側為獨立紀念碑上的自由戰士像（每張都有）。

✤ 圖 S163 5 克瓦查背面

尚比亞是近年來精品咖啡之生產國（圖 S163），採 100% 水洗處理，具有非洲豆特有「狂野味」特色，有強烈撲鼻的花香，檸檬香，濃郁卻宜人。在政府支援下，尚比亞有很多咖啡種植農場。

左側有非洲獅，在所有貓科動物中，獅子是最常見的。它們以群居方式居住在開闊區，在白天相對活躍並且喜歡咆哮。非洲獅子一般一胎會產下三隻幼獅。非洲獅群的習性由母獅負責狩獵及養育幼獅，雄獅則負責鞏固地盤，因此雄獅的領域感很強烈，對於入侵領域內的任何生物，都會毫不猶豫地採取攻擊行動且絕不寬待。

✤ 圖 S164 10 克瓦查背面

農人在收割稻米（圖 S164）。

尚比亞有大量待開墾的土地，目前只有少數的可耕地被開發利用。地表、地下水資源十分豐富，氣候溫和涼爽有利於農作物生長，具備了發展農業的自然條件。主要農作物是玉米，其次是高粱、棉花、小米、水稻、小麥等。

左側有豪豬 (porcupine)，頸部和背部均長有硬刺，遇到捕食者例如獅和豹時，會迅速豎起硬刺，並用後腳拍打地面以嚇退敵人，過著以家庭為單位的生活。

♣ 圖 S165 20 克瓦查背面

尚比亞除了豐富的銅礦（非洲第 1，世界第 6）外，擁有世界最大、最高品質的祖母綠礦產區（圖 S165），地質學家小心評估、開挖，具艱辛與困難度。

右側為 Kudu 條紋羚，分布在非洲查德南部至索馬利亞，南至南非。體長約 195~245 公分，棲息於具隱蔽物的林地和樹叢裡，日夜皆活動，以樹葉為主食，壽命可達 20 年。

♣ 圖 S166 50 克瓦查背面

建築為尚比亞國家銀行（圖 S166），負責發行貨幣及債券，頒布金融政策。

左側動物為花豹，世界跑得最快的動物，善於爬樹、攻擊。

✤ 圖 S167 100
克瓦查背面

中間為國會大廈（圖 S167）。
左側為牛羚，生育力強，常為肉食動物口中肉，逐水草而居。

一鈔
一世界

尚比亞（Zambia，中國大陸譯名贊比亞）是南部非洲之內陸國，19世紀末成為英國殖民地，1964 年宣布獨立（所有鈔票背面下方之自由戰士像），以礦業為主，農業以玉米、稻麥、咖啡為代表，近年旅遊業成長很快。20 年來有嚴重通貨膨脹，所以在 2013 年初，央行施行換鈔，新鈔 1 元等於舊鈔 1,000 元，本單元展示皆是新鈔。

尚比亞的稀樹草原（每張鈔票正面中央）是非洲野生動物天堂，其中「卡富埃」(Kafue) 國家公園是最大的，大象、河馬、豪豬、獅子、犀牛、斑馬、狒狒及各種羚羊（每張鈔票背面）。

尚比亞銅礦資源非常豐富，有「銅之國」之稱（舊鈔 50 元背面，圖 S168），建築物用了大量銅製品，日常生活中用具幾乎是銅製，精緻工藝品亦是銅製，在尚比亞旅行，常看見金閃閃的銅製品。

在尚比亞可見識世界第二大瀑布──維多利亞瀑布（舊鈔 100 元背面，圖 S169），它在尚比亞與辛巴威國境交接上，親臨其間，如洪水決堤，大河倒懸，看似雷鳴，令人十分震撼，被列為世界自然遺產。

✤ 圖 S168 舊鈔
50 克瓦查背面

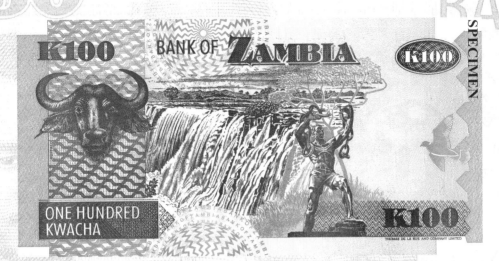

❧ 圖 S169 舊鈔 100 克瓦查背面

尚比亞 1964.10.24 獨立，2014 年獨立 50 週年發行一張紀念鈔（圖 S170），上有五任總統肖像，讓我們一起來認識。

首任總統肯尼斯・卡翁達 (Kenneth Kaunda) 長達 27 年威權統治、第二任總統弗雷德里克・齊盧巴 (Frederick Chiluba)、第三任總統利維・姆瓦納瓦薩 (Levy Mwanasa)、第四任總統魯皮亞・班達 (Rupoah Banda)、第五任總統邁克爾・薩塔 (Michael Sata)。第三、五任皆病死任上。

❧ 圖 S170 紀念鈔背面

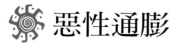 惡性通膨

辛巴威
Zimbabwe

⑤ ⑩ 50 100

面積：39.1萬平方公里

人口：約1,486 萬人(2020年)

首都：哈拉雷(Harare)

幣值：辛巴威元(Dollar)

（因惡性通膨，2008年高達231,000,000%，
改用南非幣、美元、人民幣）

國旗主要以非洲色彩構成，左邊三角形裡的鳥稱為「辛巴威鳥」，顯示古代辛巴威就有高度文明。白色象徵和平安寧；紅色代表烈士鮮血；黑色是非洲人民；黃色表示礦產資源；綠色則是大地和農業；紅星是希望與祝福。

以前白人執政，國名叫「羅德西亞」，1980 年黑人執政，改名「辛巴威」，並沒收白人財產。通膨嚴重，農業有菸草、咖啡、花生，有非南糧倉之稱；礦業有鉻（世界第一）、石綿、煤、鐵；旅遊業因大瀑布及國家公園而發展很快。有惡性通貨膨脹，通貨已改用南非幣、波札那幣、人民幣及美元。

✤ 圖 S171
1 元正面

✤ 圖 S172 5 元正面

✤ 圖 S173
10 元正面

✤ 圖 S174
20 元正面

✤ 圖 S175
50 元正面

✤ 圖 S176
100 元正
面

❖ 圖 S177 500 元正面

鈔票左側火成岩巨石，被稱之為平衡石 (Balancing Rocks)，這些巨石經數千年風化作用，成為奇特平衡石，在辛巴威很多地方可以看到，印在鈔票上的是在首都哈拉雷南部埃著沃思平衡石公園（圖 S171~S177）。

❖ 圖 S178 1 元背面

辛巴威農業人口占三分之二，主要產品有玉米、大豆、菸葉，鈔票上有農婦、農舍和農田（圖 S178）。

✤ 圖 S179 5 元背面

卡里巴湖（圖 S179）是在辛巴威中部地區，擁有非洲最大的人造湖，長一百七十五英里，寬二十英里。它是由水壩攔截尚比西河所形成的，同時它也是世界上第三大的水壩。在西元 1960年之後，它就負責供應辛巴威許多地區的電力。這個水壩的工程動員了一萬人，做了五年才完工。在 1960 年落成典禮時，還請來英國女王剪綵，可見它備受重視。卡里巴水壩起初是為了發電而建，而現在卻成為辛巴威的旅遊聖地之一。水壩內養殖美味新鮮的魚（鈔票左側）。

✤ 圖 S180 10 元背面

辛巴威遺址 (Zimbabwe ruins, 圖 S180)，大約是 12~15 世紀建造，是非洲著名的古代文化遺址，也是撒哈拉沙漠以南非洲地區規模最大、保存最完好的石頭城建築群體。這個地區有許多以花崗石為建材的建築。據考古學家而言，這裡曾經是一個偉大貿易文明的首都，境內有發達的農業和冶金業。王國和東非沿海進行頻繁的貿易，由此可見古文明強盛的情景。遺址四面環山，規模宏偉，城堡、城牆、住宅等建築物均採用花崗岩石片砌成。最著名的藝術品就是魚鷹的石雕，石雕鳥出自巧匠之手，研究學者認為石鳥代表的是王家權力的象徵，1986 年登錄世界文化遺產。

✿ 圖 S181
20 元背面

首都哈拉雷
(Harare) 的火力
發電廠（ 圖
S181~S182），
辛巴威蘊藏豐富
的煤礦。

✿ 圖 S182
50 元背面

✿ 圖 S183
100 元
背面

首都哈拉雷大
樓林立（ 圖
S183）， 擁
有許多現代化
建築。
左側為火炬，
代表欣欣向
榮，薪火相
傳。

❀ 圖 S184 500 元背面

大象的每個家庭通常有 10 個成員，有些家庭會互相結合，形成由母象領導的大家庭（圖 S184）。公象及母象都有長牙。每 10 年換牙一次，一生換六次，所以象齡在 60-70 歲之間，之後沒牙齒咀嚼，而且大都死在河邊（那兒才有嫩草，好像人類老時吃稀飯）。母象經過 22 個月的懷孕期，每隔兩年半到九年的時間就會生下一隻幼象。母象到 55-60 歲的年紀仍然是可以生育的，公象成年就被逐出象群生活。大象所吃的食物則包括草、灌木、水果、樹皮、樹葉及樹枝。

一鈔
一世界

辛巴威（Zimbabwe，中國大陸譯名津巴布韋）是在南部非洲的內陸國，19 世紀淪為英國殖民地，稱「南羅得西亞」，1980 年獨立，定國名為辛巴威（Zimbabwe，國名英文字母列在最後，國際賽事常是最後進場），獨立後由白人執政，經濟發展僅次南非，是非洲少數糧食可以出口國家。

境內有一石頭城，遠在 15 世紀就建成，城堡、石塔內外牆建築證明有過高度發達的黑人文明，這時期的歐洲尚屬「黑暗時代」，文藝復興還沒開始，辛巴威一詞就是土語的「石頭城」。

辛巴威野生動物繁多，著名的萬基 (Hwange) 國家公園提供生存棲息的環境，如大象、黑犀牛、狒狒、長頸鹿等。

辛巴威境內河流多，最有名的尚比西河造成壯闊的維多利亞瀑布，也因水力充沛豐富，蓋了大小水壩，可觀光、灌溉及發電。

首都哈拉雷城市發展良好，充滿現代氣息，風光明媚，附近有盛名的平衡石 Balacing Rocks（在各鈔票正面都可見），附近也很多礦產，其中煤礦豐富，全用來火力發電。

辛巴威原由白人管轄（跟以前南非一樣），1980 年舉行民主普選，黑人選出羅伯特 · 穆加貝 (Robert Mugabe) 當總統，透過強硬手段，沒收由白人經營的農場、工廠、銀行給黑人管理，絲毫沒經驗的黑人弄得經濟大亂，惡性通貨膨脹，2006 年 8 月 1 日第二代 1 元等於第一代 1,000 元，2008 年 8 月 1 日第二代 100 億換第三代 1 元，2009 年 2 月 2 日第三代鈔票面額刪除 12 個「0」，即第三代 1 兆元換第四代 1 元（即本書所列），2009 年 4 月 12 日停用本國貨幣，改用南非幣、波札那幣、人民幣、美元，下附金氏紀錄最多 14 個「0」的鈔票──第三代的 100 兆（圖 S186），開開眼界吧！

✿ 圖 S185 50 兆

✿ 圖 S186 100 兆

 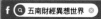

最美麗的鈔票故事書

RA45
鈔票的藝術
定價：450元

RA4A
名人鈔票故事館：
世界鈔票上的人物百科
定價：450元

RA4B
美洲與大洋洲鈔票故事館
定價：550元

RM34
非洲鈔票故事館
定價：550元

RA49
亞洲鈔票故事館
定價：550元

3O36
遇見鈔票：歐洲館
定價：450元

RA44
遇見鈔票
定價：450元

3O52
數字看天下
定價：400元

《典藏鈔票異數》

 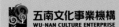

國家圖書館出版品預行編目 (CIP) 資料

非洲鈔票故事館 / 莊銘國編著. -- 二版. -- 臺北
市：五南圖書出版股份有限公司, 2022.02
　　面；　公分
　　ISBN 978-626-317-538-9(平裝)
　　1.CST: 紙幣 2.CST: 非洲
561.56　　　　　　　　　　　　110022829

博雅文庫 160

非洲鈔票故事館

作　　者　莊銘國
發 行 人　楊榮川
總 經 理　楊士清
總 編 輯　楊秀麗
主　　編　侯家嵐
責任編輯　侯家嵐
文字編輯　12 舟　許宸瑞
封面設計　theBand・變設計 — Ada、王麗娟
內文排版　theBand・變設計 — Ada、賴玉欣
出 版 者　五南圖書出版股份有限公司
地　　址　106 台北市大安區和平東路二段 339 號 4 樓
電　　話　（02）2705-5066
傳　　真　（02）2706-6100
劃撥帳號　01068953
戶　　名　五南圖書出版股份有限公司
網　　址　https://wunan@wunan.com.tw
電子郵件　wunan@wunan.com.tw
法律顧問　林勝安律師事務所 林勝安律師
出版日期　2016 年 4 月初版一刷
　　　　　2022 年 2 月二版一刷
定　　價　新臺幣 550 元